AF590978

ESSAI
SUR LA
VALEUR INTRINSEQUE
DES FONDS,

Ou le Moyen de les apprécier, de faire connoître leurs bornes, leurs limites, leurs servitudes, de pénétrer dans leurs charges, & d'en donner le rapport exact & précis en Justice.

Par Me FRANÇOIS MASSABIAU,
Avocat en Parlement.

A LONDRES,

Et se trouve à Paris,

Chez KNAPEN, Grand'Salle du Palais.

M. DCC. LXIV.

PRÉFACE.

LE Public a des droits ſur tous les Ouvrages qui peuvent l'intéreſſer ; attaché depuis quelques années aux affaires dépendantes du ſujet que je vais traiter, j'ai balancé tous les intérêts relatifs à la valeur intrinſeque des fonds ; c'eſt ce qui compoſe l'Eſſai que j'oſe expoſer au grand jour : ſi je n'ai pas rempli mon objet, je me flatte que mon zele portera les bons citoyens à me juſtifier, ou à concourir avec moi au bien que je me ſuis propoſé ; je ne ſçaurois d'ailleurs me perſuader qu'on peut blâmer ſans injuſtice quelqu'un qui s'occupe de l'intérêt réel de ſa Patrie.

Il s'éleve tous les jours au ſujet des fonds, mille queſtions ſoumiſes au jugement & au rapport des experts ; Louis XIV par Edit de 1690, en avoit créé en titre d'office pour leur attribuer excluſivement la connoiſſance de ces conteſtations ; mais le préjudice que ces charges causerent dans la Province de Languedoc les fit supprimer par autre Edit de 1698 ; il est vrai qu'elles ont encore lieu dans partie du ressort du Parlement de Paris, pour certaines matieres qui ne sont pas de mon sujet : la France fourmille d'experts, mais rarement on en trouve de bons ; en effet quelle spéculation n'exige pas un avis qu'on doit fonder sur le calcul d'équilibre du cours des especes & du produit des fonds pour en connoître, selon le tems, les lieux & les circonstances, la valeur intrinſeque ; pourroit-on ſuppléer à cette étude comme on le fait aujourd'hui, par une legere connoiſſance de l'arithmétique & de l'arpentage ; des hommes ſi peu inſtruits pourroient-ils juger avec équité des différents qui s'élevent ſur l'eſtimation des fonds, ſur la répartition de leurs charges, ſur les bornes, les limites, les ſervitudes, & ſur l'application des titres pour reconnoître les anciens confins & les adapter aux nouveaux, afin de fixer les fiefs, les terres, les juriſdictions, les cens & les rentes relativement à plusieurs titres qui different les uns des autres, questions toutes intéressantes, qui donnent lieu à tant d'Arrêts, Jugemens & Sentences interlocutoires? Non sans doute, il faut d'autres principes, dont la solide vérité puisse servir de baze à toutes leurs décisions; cette seule idée m'a porté à faire tous mes efforts pour instruire des hommes d'autant plus dangereux dans leurs opinions, qu'ils sont indépendans de l'examen des Magistrats; en conséquence j'ai divisé mon plan en cinq Chapitres.

Dans le premier j'établis autant qu'il est du ressort de l'équité, des regles propres à juger de la valeur intrinseque des fonds, de la liquidation des fruits, des divisions des cens, des impositions royales, & généralement des circonstances & dépendances des parties.

Dans le second j'indique les moyens de parvenir à la connoissance des bornes, des limites & des séparations des fonds.

Dans le troisième je donne une méthode exacte & facile pour vérifier & appliquer les anciens confins des fonds portés dans différens titres pour en faire la démonstration & les combiner avec les nouveaux : ce Chapitre intéressera particulierement les Seigneurs & leurs Emphithéotes à raison du renouvellement des terriers.

Dans le quatrième on trouvera un traité abregé des servitudes rustiques & urbaines.

Et dans le cinquième

je donnerai des modeles des rapports en Juſtice. Voilà tout mon deſſein.

ESSAI SUR LA VALEUR INTRINSEQUE DES FONDS.

CHAPITRE I.

De l'Estimation des Fonds.

MOYENS GENERAUX.

CHAQUE chose a son prix, les biens fonds ont leur valeur intrinseque, les tems, les lieux, les circonstances, la quantité & la qualité contribuent à la faire connoître; il est vrai que certains effets reçoivent leur prix des caprices du luxe, mais dans l'ordre judiciaire tout est réduit à sa juste valeur ; la circulation des espéces, l'ame du commerce en servant de balance à tout, doit principalement être la base des décisions sur la valeur intrinseque des fonds, la proportion des ressorts qui la soutiennent, fait la gloire, l'ornement & la richesse d'un Etat.

Les Romains avoient au tems de la République des Magistrats appellés Censeurs ; leurs principales fonctions consistoient à faire le dénombrement des citoyens, de leurs enfans, de leurs esclaves, de leur état & de leurs biens ; à les placer dans une classe ou tribu suivant leurs revenus, & selon l'augmentation ou diminution qui pouvoient être arrivées dans leurs biens ; à les changer dans une classe plus haute ou plus basse ; on en usoit ainsi afin que les impositions fussent plus justes & plus proportionnées aux facultés, parce que tous les citoyens compris dans le dénombrement qu'on faisoit à chaque lustre payoient par tête une taxe, à l'exception de la sixième classe qui par sa pauvreté en étoit exempte.

Nous avons conservé quelque chose de cet usage en France, surtout dans le pays où la taille est réelle ; on y procede à des cadastres, ou compoids de chaque Communauté, contenant le détail de tous les héritages ruraux qui en dépendent, avec leur estimation, sur laquelle on repartit les impositions : ce cadastre est déposé dans les archives de chaque Communauté, qui nomme un Sécretaire pour procéder tous les ans aux charges & décharges qui surviennent, & pour en faire droit sur le rôle des impositions annuelles : dans le quatorzième siécle cet usage étoit bien plus étendu & plus exact. La Guyenne fournit encore des cadastres de cette époque qui contenoient non-seulement les biens ruraux, mais même les biens nobles, ainsi que les cens, les rentes, & les redevances dûes sur chacun des fonds ; de sorte qu'on appercevoit sous un même point de vue tous les biens & toutes les charges des

Communautés, avec l'ordre des contribuables selon leur état & leur revenu. Que n'avons nous conservé cette admirable méthode ! Combien à l'aide d'un tel registre, n'auroit-on pas prévenu d'injustices à l'égard des biens nobles, dans les pays où la taille est réelle ? Combien de procès n'auroit-on pas évité dans les cens & les rentes dont les disputes sont si journalieres, si obscures & si dispendieuses ? Combien de frais n'auroit-on pas épargné sur les différents des limites des terres, des jurisdictions, des mandemens, & sur les partages des biens des familles dont on auroit connu par-là la consistance & la valeur ; outre ces avantages, le cadastre auroit suppléé à bien des égards aux titres de propriété, & on auroit prévenu les pertes auxquelles sont exposés les pupilles, dans des Provinces où la plûpart des particuliers n'ont d'autres titres que celui de la possession ; l'Etat lui-même en eût tiré des grands secours, tant pour connoître ses forces dans les impots, que pour les repartir avec équité. Il paroît que S. M. s'est occupée d'un bien si précieux à ses sujets, en ordonnant dans sa Déclaration du 21 Novembre dernier, le cadastre général du Royaume ; ses Peuples n'en sçauroient trop désirer l'exécution ; mais cette opération pour être utile devroit embrasser également l'intérêt du Public & du Particulier ; elle devroit représenter essentiellement les revenus de tous les biens du Royaume, pour connoître également ses forces dans les impots & les moyens de les repartir avec une juste proportion ; elle devroit en même tems procurer aux particuliers la connoissance des différentes especes de possessions, & les instruire sur leur valeur : dans cette vue, le cadastre de chaque Communauté, devroit contenir un détail exact des différentes natures des biens-fonds de chaque propriétaire, avec leur dénomination, leur situation, leurs confins, leur contenance & leur valeur intrinseque ; il devroit faire mention des cens & des redevances dûes sur chacun des fonds, tant aux Seigneurs laics qu'ecclésiastiques, étant nécessaire dans l'ordre de proportion d'estimation de distinguer ceux qui sont plus ou moins chargés ; à la fin de ce détail, il faudroit insérer le montant des contenances de chaque nature de bien, de ses redevances & de sa valeur, exprimer s'il fait corps de domaine ou non, s'il est cultivé par le tenancier, par des domestiques, fermiers ou locataires, s'ils sont ou ne sont pas compris dans le rôle de la capitation de la Communauté, & faire le dénombrement des bœufs de culture, & généralement de tous les autres bestiaux.

L'intitulé du cadastre devroit porter le nom, la situation de la Communauté, le nom de la Paroisse, les ressorts de l'Election, de la Sénéchaussée ou Baillage, faire mention du Seigneur dont elle releve, du Décimateur, du prix de la Ferme des dixmes, en détaillant les espéces de dixme & leur quotité, marquer s'il y a quelque route publique, le commerce qui s'y fait, avec la consommation, le débit des denrées, les marchés & foires qui y ſont établis, diſtinguer les différentes natures de production avec leur valeur ſelon la meſure du lieu, faire le dénombrement général des habitans domiciliés, des Locataires des Fermiers, des Régiſſeurs & des Domeſtiques, & des Contribuables forains, avec la totalité des différentes contenances des biens, de leur valeur, du nombre des bœufs employés au labour & de tous les beſtiaux qu'on y entretient; il faudroit encore ſpécifier la totalité des cens & des rentes, celle des fonds nobles & finir par donner les confins généraux de l'entiere Communauté.

Tous les fonds devant être encadaſtrés, comme nobles, allodiaux ou roturiers, il feroit de l'intérêt des Seigneurs & des Propriétaires d'en venir déclarer ou la franchiſe ou les charges, afin d'y avoir égard dans l'eſtimation; ſi dans les ſuites, les Seigneurs ou les Propriétaires découvroient la franchiſe de certains fonds, ou des nouvelles cenſives, ils pourroient aſſembler la Communauté pour en délibérer, & après un mur examen on pourroit ajouter cette délibération au cadastre pour confirmation ou exclusion des droits reclamés; sauf aux parties en cas de discorde de se pourvoir devant Messieurs des Cours des Aydes Juges compétens de ces matieres.

Dans les pays non cadastrés, on pourroit suivre les usages de ceux où le cadastre est en vigueur : mais il seroit important pour contrebalancer & juger les différens intérêts que le Ministere, les Communautés & les particuliers nommassent leur expert.

Ces cadastres faits dans cet ordre confirmés par une délibération générale devroient être déposés dans les Archives des Communautés; on devroit faire un registre particulier contenant le nom & surnom des Contribuables, avec la totalité de la valeur de leurs biens: dans ce registre on pourroit coucher à fur & à mesure les mutations qui surviendroient dans les biens de chaque propriétaire en présence de la Communauté, afin qu'au renouvellement des impositions on connût toujours l'état des familles pour les impofer proportionnellement ; par ce moyen on connoîtroit essentiellement les forces du Royaume dans les impôts, & leur juste répartition ; le Ministere dans tous les tems distingueroit les améliorations & les établissemens qu'on pourroit faire dans les Provinces respectives ; il regneroit par-là une paix réelle entre les Communautés, dans la répartition des impôts, entre les voisins dans la contenance de leurs biens, entre les Seigneurs & leurs Censitaires dans leurs droits respectifs, entre les familles pour s'accorder sur l'état & la valeur des biens qui leur sont délaissés par leurs parens, entre les pupilles enfin & leurs tuteurs, pour faciliter la reddition des comptes ; en un mot ce projet seroit celui de l'utilité pulique, il ne resteroit plus qu'à tenir la main à son exécution, & à choisir des sujets capables d'y travailler avec succès.

Les principes que je me propose d'établir sur la valeur intrinseque des fonds, sont absolument nécessaires à ce plan ; les fonds ne doivent pas être appréciés ſelon ce qu'ils produiſent quelquefois aux propriétaires, par le goût ou le caprice des acquéreurs ou des locataires ; leur produit ordinaire doit en fixer le prix ; le produit de deux fonds peut être le même & cependant différer de prix, par leur emplacement reſpectif auprès des Villes, des routes ou des lieux d'une grande conſommation ; on doit alors faire attention aux frais de tranſport des denrées, & comparer le tout à la circulation des eſpeces, ſeul moyen propre à déterminer la valeur des fonds ; l'argent & les fonds ont chacun leur produit ; tous les deux ſont également ſoumis à des cas fortuits ; le commerce anime les eſpeces ; on peut gagner beaucoup plus que l'intérêt de ſon argent, mais on haſarde auſſi de perdre le tout ; dans les fonds au contraire on voit à peu de choſe près ce qu'ils peuvent produire ; certains accidens les endommagent quelquefois, mais le capital reſte toujours, il eſt la ſource de la vie, par conſéquent plus précieux quoique moins lucratif que l'argent, aussi l'a-t-on jugé de même de tous les tems; il est vrai que dans certaines Villes les fonds ont un prix au dessus de leur valeur, mais on n'en juge pas pour lors par le produit; c'est pour ainsi dire un marché fait, mais à prendre les choses dans l'équité, le produit des fonds doit décider de leur valeur : dans ce sié le l'intérêt des especes est fixé au denier vingt, nos fonds, charges déduites, produisent ordinairement l'intérêt du prix de nos acquisitions à raison du denier trente, c'est-à-dire, un tiers moins que le revenu des capitaux placés en rente constituée : mais il faut autant qu'il est possible, proportionner l'intérêt de l'argent au produit des fonds. Tels furent les motifs des Déclarations du Roi sur l'intérêt des monnoies, des mois de Juin 1724 & 1725, c'est d'après ces considérations qu'un Expert doit apprécier les biens fonds.

Moyens relatifs à la qualité des biens.

On entend par biens fonds toutes

les différentes natures de terres, comme les bâtimens, cours, jardins, cheneviere, prés, terres, bois, vignes, pacages &c.

Leur prix varie ſelon les tems, les lieux & les circonſtances ; le cours des eſpeces, l'ame de toute valeur cauſe principalement leur variation ; l'emplacement du territoire décide de leur bonté & de la facilité pour le débit des denrées qu'ils produiſent.

Les circonſtances dépendent de l'état des fonds & de leurs charges.

Les biens ſont nobles, allodiaux ou roturiers.

Les nobles ſont ceux qui ſont exempts de toutes charges Royales & Seigneuriales ; ils ſont néanmoins ſujets à la preſtation de foi & hommage envers le Roi ou autres Seigneurs ſelon les titres & ſelon la Coutume des lieux où ils ſont ſitués. On peut à cet égard conſulter Dumoulin, Dargentré, Loiſeau, Boutaric, Traité des droits Seigneuriaux.

Les allodiaux ſont ceux qui ne ſont ſoumis qu'aux charges royales, & à la Juriſdiction des lieux, & c'eſt improprement qu'on appelle allodiaux tant les biens dont le cens a été consolidé ou réuni aux fonds que ceux qui sont francs de censive quoique soumis à la Seigneurie directe.

Les roturiers sont ceux qui ne sont exempts d'aucunes charges.

Nous tenons les premiers de la libéralité des Rois ou des Seigneurs particuliers.

Les seconds ne sont tels que parce qu'ils ont conservé leur liberté naturelle.

Les possesseurs des fonds nobles nous ont enfin concédé les derniers à la charge des cens, & des autres redevances seigneuriales.

Telle est la différence des biens du Royaume qu'il étoit nécessaire de faire connoître pour en distinguer la valeur, parce que les nobles sont beaucoup plus précieux que les allodiaux, & ceux-ci que les roturiers.

Appréciation des Fonds suivant leur nature.

Il ne nous reste qu'à distinguer les

fonds cultivés ou affermés en particulier comme bâtimens & poſſeſſions de toute eſpece, d'avec ces mêmes objets qui feroient corps de domaines, s'ils étoient réunis ſous les mêmes frais de culture ; en ne perdant jamais de vue leur emplacement reſpectif.

D'après ce détail nous allons indiquer les moyens de déterminer la valeur intrinſeque des fonds ; nous nous occuperons d'abord des biens ſitués dans les Villes & aux environs ; nous paſſerons enſuite à ceux de la campagne.

Les bâtimens, les jardins, vergers & cours compoſent le dedans des Villes, leurs dehors offrent des fonds de toute nature ; les bâtimens, ne ſont jamais eſtimés ce qu'ils coûtent à conſtruire, on n'apprécie pas les frais de la main d'œuvre, ni ceux de la démolition, il en eſt par exemple d'une maiſon comme d'un habit, dont on n'eſtime jamais la façon, & qu'on ne vend que la moitié de ce qu'il a couté ; lorſque les Experts voudront s'aſſurer de la valeur des bâtimens

mens, il leur ſera important d'en examiner d'abord l'état, la poſition, la grandeur, le quartier d'emplacement, avec le taux des Fermes, de conſidérer enſuite s'ils ſont nobles, allodiaux ou roturiers, de faire en conſéquence le relevé des charges & des frais d'entretien, afin de connoître au juſte le ſurplus du produit annuel.

EXEMPLE.

Je ſuppoſe que dans une Ville une maiſon de cinquante toiſes de contenance produiſe annuellement 100 liv. de loyer, & que les frais d'entretien coûtent année commune 10 liv. il reſtera donc de produit net 90 liv. le capital de cette ſomme ſur le pied du denier trente, forme celle de 2700 liv. qui doit être la véritable valeur de cette maiſon, en ſuppoſant qu'elle ſoit noble; ſi au tems de l'eſtimation elle étoit cependant ſujette à quelque charge extraordinaire comme le vingtiéme noble, il faudroit diſtraire cet impôt du produit & fixer l'eſtimation comme deſſus; ſi au contraire la maison étoit allodiale, il faudroit ôter du produit le montant de toutes les impositions royales, & si elle étoit roturiere, il faudroit en ôter non-seulement lesdites impositions, mais encore les charges Seigneuriales & former du surplus du produit le prix de l'estimation, ayant toujours égard à l'état des bâtimens.

Les mêmes regles doivent servir de guide dans l'estimation des autres espéces de bâtimens : mais si l'usage ou l'emplacement ne permettoient pas de les apprécier par les loyers, il faudroit pour lors en estimer le sol, & les matériaux selon leur cours.

Dans l'estimation des jardins, il faut observer leur état relativement à leur clôture, connoître leur contenance, les frais de culture, la valeur ordinaire des fruits, des plantes, des herbes potageres avec le taux ordinaire des Fermes ; d'après ces observations, on peut procéder à leur estimation dans cet ordre.

EXEMPLE.

J'ai un jardin franc de toutes charges de contenance d'environ quatre-vingt toises, qui me produit en Ferme 60 liv par an, le capital de cette somme forme, sur le pied du denier trente, celle de 1800 liv. à laquelle on peut estimer ledit jardin; que s'il est allodial ou rotutier, il faudra faire les mêmes distractions ci-dessus.

L'estimation des chenevieres est à peu près la même que celle des jardins, si le terrein est d'égale bonté; on examine la contenance des chenevieres, la quantité des grains qu'on peut y semer avec leur rapport ordinaire, afin de combiner l'estimation comme dessus.

L'utilité & la nécessité des basse-cours, les rend aussi précieux que les jardins & chenevieres & les fait estimer de même.

Les dehors des Villes, comme nous avons dit, présentent des fonds de toute nature; dans leur estimation, il faut d'abord avoir égard à certains accidens auxquels ils sont exposés, soit par la chute des eaux, soit par des chemins ou autrement : ces fonds indépendans de tout corps de domaine consistent en terres, prés, vignes, bois, pâcages, &c; il peut s'y trouver encore des maisons & des jardins dont les regles de l'estimation sont les mêmes que celles que nous venons de proposer à cet égard; entrons à présent dans le détail de l'appréciation des autres fonds.

Avant de procéder à l'estimation des terres, il faut en connoître la contenance, les charges, le danger, les frais de culture, examiner ensuite leur emplacement & le cours ordinaire des denrées; d'après ces considérations, on les estime dans cet ordre.

Estimation des terres.

Je suppose une terre de contenance de quatre septerées, à raison de deux cent cinquante six perches chacune, & qu'on puisse semer annuellement dans ladite terre deux septiers de froment & deux quarts de menus grains, les deux septiers en produiront dix année commune, & les deux quarts pareillement dix ſeptiers; ſur cette production on doit diſtraire d'un côté deux ſeptiers de froment pour la ſemence, & ſur les autres huit, quatre pour les frais de culture; il reſtera donc de produit net quatre ſeptiers de froment; & de l'autre côté, pour les mêmes grains, on doit ſur les dix ſeptiers de production diſtraire deux quarts de ſemence & le tiers de l'excédent pour les frais de culture, moyennant quoi il ne reſte que ſix ſeptiers un minot huit boiſſeaux, ſelon l'uſage de Paris.

Je ſuppoſe le ſeptier de froment de valeur de 7 liv. & celui des mêmes grains de 4 liv.

Les quatre ſeptiers de froment produiront ci...........	28 l.
Et les ſix ſeptiers, un minot, huit boiſſeaux de mêmes grains ci..........	25 13 ſ. 4 d.
Total du produit.	53 l. 13 ſ. 4 d.

Le capital de cette ſomme à raiſon

du denier 30, forme celle de 1610 livres qui ſont le prix de cette terre, ſi elle eſt noble; ſi au contraire elle eſt allodiale ou roturiere, on doit d'une part diſtraire les impoſitions royales, & de l'autre, non-ſeulement ces charges, mais encore les redevances ſeigneuriales.

Dans l'eſtimation des terres, on doit obſerver ſi elles-ſont ſuſceptibles d'une production plus ou moins abondante, plus ou moins réitérée, & ſi elles rapportent une ou pluſieurs natures de denrées, en un mot, dans tous ces cas, leur produit ſelon le cours des denrées des lieux doit ſervir de baſe à l'eſtimation des fonds.

Exemple pour les Prés.

Je ſuppoſe qu'un pré de contenance de quatre ſepterés même meſure, produiſe annuellement vingt charretées de foin, dix de regain, à raiſon de 10 quintaux par chart, & fourniſſe encore le pâcage de prés de trois mois, j'évalue le prix du foin année commune à 10 livres le chart, le regain à 5 livres le chart, & le pâcage à 25 livres ; selon ce calcul, le produit annuel de ce pré reviendra à 325 livres ; sur cette somme, il faudra en distraire le quart pour les travaux plus ou moins selon l'usage ou la situation des lieux ; par ce moyen il ne restera au produit que la somme de 243 livres 15 sols : le capital de cette somme sur le pied du denier 30, formera celle de 7312 livres 10 sols, à laquelle reviendra l'estimation dudit pré ; observant toujours comme dessus s'il est noble, allodial ou roturier : s'il y a des arbres dans les prés, on doit les estimer séparément selon leur nature & leur consistance, eu égard au cours ordinaire des lieux.

Exemple pour les Vignes.

Je suppose qu'une vigne de contenance de quarante journées de travail, produise annuellement vingt charretées de vin que j'évalue à raison de 20 livres la charretée ; sur ce pied la vigne produira 200 livres ; de cette somme on doit en distraire la moitié pour les frais de culture. Il ne reste donc que 100 livres qui forment à raison du denier 30 le capital de 3000 livres qui feront le prix de ladite vigne ; s'il y a dans les vignes des arbres d'un certain produit, on doit les estimer séparément ; observant toujours de distinguer l'estimation des vignes qui sont nobles d'avec celles qui sont allodiales & roturieres pour faire les distractions ci-dessus.

On retire encore des vignes le farment des souches, & des terres, certaines pailles, mais leur produit doit être compensé avec les engrais.

Des Bois.

On doit distinguer les bois d'haute-futaye d'avec les bois-taillis, ceux-là particuliérement près des Villes maritimes & des Rivieres navigables, sont beaucoup plus précieux que ceux-ci ; dans l'estimation des bois d'haute-futaye, on doit avoir égard à la grosseur, à l'élévation & à l'espéce des arbres, on doit encore estimer le fonds selon que pourroit être la nature de son produit après la coupe des arbres ; dans les bois taillis au contraire les coupes une fois reglées selon l'Ordonnance des eaux & forêts, doivent être regardées comme le fruit & le produit du terrein, on doit en fixer l'estimation selon la contenance & selon la valeur des coupes ; d'après ces circonstances, les Experts doivent examiner le prix ordinaire des arbres selon le cours & le commerce des lieux, ayant égard aux frais de coupe & de transport, à la bonté du terrain & à sa contenance, & par là ils pourront en combiner l'estimation dans l'ordre ci-dessus, en distinguant celle des bois nobles, & celle des allodiaux & des roturiers.

Pâcages.

Les pâcages méritent un certain détail ; on entend par là, les terres gazonnées destinées à l'entretien des bestiaux ; ces fonds selon leur étendue, leur situation & leur bonté, peuvent fournir à une plus ou moins grande quantité de bétail dont le produit peut être fort considérable, dans le haut Rouergue : dans le Gevaudan, & dans la haute Auvergne ces pâcages sont très-précieux, on les appelle indifféremment montagnes ou vacheries, plusieurs sont situés au voisinage des Villes; sur ces montagnes ou vacheries, il y a une petite chaumiere qu'on appelle *Buron*, servant de domicile aux vaches pour faire les fromages; on entretient les vaches pendant l'hyver dans des domaines avec le fourrage, parce que les montagnes sont couvertes de neige pendant près de sept mois, des piquets bordés de clayes servent à contenir les vaches ainsi que les veaux.

La valeur des vacheries dépend du nombre des vaches qui s'y entretiennent abondamment; dans les ventes des fonds des vacheries, pour exprimer leur étendue, on se sert ordinairement de l'expression du nombre des têtes d'herbages ou de vaches; exemple. Je vous vends ma montagne ou vacherie de cinquante têtes d'herbages; c'est comme si je disois, l'étendue de la vacherie que je vends fournit à l'entretien de cinquante vaches; il seroit quelquefois difficile d'exprimer la contenance par septerées ou arpens, à cause de leur situation, aussi ne le fait-on que rarement ; en cas de dispute sur la contenance, les Experts arbitrent l'étendue nécessaire à chaque tête d'herbage ; des bornes quelquefois gravées en forme de croix sur des rochers, ou des tertres ou des ruisseaux séparent le plus souvent les vacheries. Comme les montagnes different en bonté, elles different également en valeur ; nous pouvons avoir mon voisin & moi un même nombre de vaches, & cependant ma montagne vaudra moins que la sienne, parce que ne produisant pas de si bons pâcage mes vaches rendront moins de lait, par conséquent le produit sera moindre, & ma montagne sera moins estimée : d'après cet exposé, je suppose que dans une montagne de vingt têtes d'herbages, les vingt vaches qui s'y entretiennent produisent annuellement 30 quintaux de fromage, à raison de 20 livres le quintal, 20 veaux à raison de 5 livres pièces, & 5 quintaux de beurre à raison de 30 livres le quintal, ces différens objets calculés font la somme de 850 livres; de cette somme, il convient de déduire l'intérêt du prix des vaches évalué à 50 livres par an, & l'entretien du gardien des vaches évalué à 150 livres par an, ces diſtractions reviennent à 200 livres; mais comme les vaches ne ſont entretenues que pendant 5 mois à la montagne, & qu'elles demeurent les 7 autres mois dans les domaines, il ne faut diſtraire que 26 livres 13 ſols 4 deniers pour les douziemes de ladite ſomme de 200 livres, pareillement ſur ledit produit deſdits 850 livres. Il n'y a pour la montagne que les 5 douziemes qui reviennent à 354 livres 13 ſols 4 deniers, & de cette ſomme il faut déduire les 26 livres 13 ſols 4 deniers pour la part de l'intérêt du prix des vaches & du gardien; cette diſtraction faite, il ne reſte de produit net pour ladite montagne que la ſomme de 327 livres 10 ſols le capital de cette ſomme à raiſon du denier 30, forme celle de 9825 livres, à laquelle on peut apprécier ladite montagne ſi elle eſt noble; ſi elle eſt au contraire ou allodiale, ou roturiere, il faudra faire ſur le produit les diſtractions des charges comme deſſus.

L'entretien du buron des vácheries & l'entretien des clayes peut être compenſé avec d'autres petits profits qu'on retire des montagnes.

Les pâcages qui ne forment pas des vacheries, ne peuvent être eſtimés, qu'eu égard au profit qu'ils peuvent porter ſelon les circonſtances des lieux.

Il y a encore des moulins de toutes eſpéces, ſoit pour moudre les grains, pour faire le papier, pour fouler les draps, pour ſcier le bois, pour battre le cuivre, &c. les moulins placés ſur de grandes rivieres ſont plus précieux que ceux qui ſont ſitués ſur des ruiſſeaux; les premiers ne ceſſent de moudre à moins de grands accidens, mais les chauſſées ſont d'une grande dépenſe; les autres ſont à ſec pendant certain temps de l'année, & n'exigent que peu de dépenſe; leur produit reſpectif dépend des lieux plus ou moins conſidérables & du nombre des moulins; d'après ces obſervations, on peut en apprécier les profits, les comparer aux fermes s'il y en a, & ſur cette combinaison on doit former le véritable produit & déterminer leur valeur comme dessus, distinguant toujours les moulins nobles d'avec les allodiaux & les roturiers.

Des Domaines.

On entend par domaine, métairie, borde ou fermage, un ou plusieurs héritages composés de maisons granges, basse-cour, jardins, prés, terres, pâcages, bois & autres possessions contigues ou séparées, travaillés par les propriétaires ou par ses locataires ou fermiers.

Le Particulier qui veut vendre un domaine, a plus d'avantage de le vendre en détail, parce que par là on met un prix à toutes les parties, au lieu qu'en le vendant en corps, ces mêmes parties doivent concourir à faire un tout essentiel pour en former le produit, & en déterminer la valeur. L'Expert qui procede à l'estimation doit approfondir la contenance, le détail & la consistance de ses différentes parties, s'informer des femences, des bestiaux nécessaires pour la culture, & du profit des pâcages & des bois ; les bâtimens & l'enclos des maisons doivent être estimés par proportion de contenance le double de la valeur de la meilleure piéce du domaine, en observant toutefois que si les bâtimens servoient d'auberge sur une grande route, il faudroit les estimer séparément selon leur produit ; d'après cet examen, on estime le produit ordinaire des semences quelconques, le profit des bestiaux, le fruit des arbres selon le cours ordinaire, on doit distraire ordinairement la moitié du produit pour les frais de culture ; on préleve ensuite les charges ordinaires & extraordinaires, & du restant du produit on forme le prix de l'estimation comme dessus. On doit faire la même opération pour les domaines affermés afin de s'assurer s'ils sont bien ou mal affermés, & de comprendre dans le prix la valeur des bois qui sont ordinairement indépendans du prix des baux.

Les distinctions que nous avons faites sur les fonds des villes, & sur les regles de leur valeur doivent être les mêmes à l'égard de ceux de la campagne; en procédant à l'estimation des biens de la campagne, on doit considérer leur éloignement des villes, des routes, & des lieux de consommation, à cause des frais de transport des denrées, & de la difficulté de leur débit.

C'est par l'estimation des fonds dans l'ordre proposé qu'on peut se promettre d'en liquider les fruits, d'en apprécier les dommages, d'en repartir les charges royales & seigneuriales, & de faire avec équité les partages des fonds; ce sont autant d'opérations intéressantes qui méritent l'examen particulier que nous nous proposons d'en faire dans les paragraphes suivans.

§. PREMIER.

De la liquidation des fruits.

Liquider les fruits, c'est en fixer la valeur selon qu'elle a été ou pû être année commune; cette liquidation est requiſe toutes les fois qu'on a joui du bien d'autrui ; elle eſt renvoyée au miniſtere des Experts pour en eſtimer la valeur ſelon leur produit, diſtraction faite des frais de culture.

Dans cette opération, on diſtingue les fruits civils, d'avec les fruits naturels ; les civils ſont ceux qui ne proviennent que de la diſpoſition de la loi ou de la convention des hommes, comme les loyers des maiſons, les arrérages des cens, l'intérêt de l'argent, les émolumens des offices, les droits de lods, &c.

Les fruits naturels ſont ceux qui proviennent de la terre, comme les fruits des arbres, le foin, les grains, & généralement toutes ſortes de productions.

Les fruits civils ayant un prix certain, peuvent être facilement appréciés, parce qu'ils ne dépendent que du calcul relativement à leur conſiſtance.

Les naturels au contraire exigent un plus grand détail, en ce qu'ils faut approfondir leurs différentes eſpéces, ſelon leur cours ordinaire, diſtraire les charges & les frais de culture, afin d'évaluer ce qui peut en revenir au Propriétaire.

Il est bon de faire observer les différentes causes qui rendent cette liquidation nécessaire, afin de mieux pénétrer l'intérêt qui en résulte pour les Parties qui la réclament ; on ordonne en Justice la liquidation des fruits dans les successions *ab intestat*, quand l'un des co successeurs a joui de la totalité de la succession ou au delà de sa portion ; on l'ordonne encore dans les demandes en supplémens de légitime, dans la reddition des comptes de tutelle, & finalement dans les usurpations des fonds dont on a joui sans droit, ou au-delà des bornes de son territoire.

Pour la liquidation des fruits, des successions ou des supplémens de légitime, les Parties sont obligées de s'accorder sur l'entiere consistance des biens ; dès qu'on en est convenu, les Experts se transportent sur les lieux, & entrent dans le détail des observations que nous avons faites sur l'estimation des fonds, afin d'en fixer la valeur selon le temps, les lieux &

les circonſtances ci deſſus détaillées ; après cette opération, on liquide les fruits de cette maniere. Si les fonds de ſucceſſion ſont eſtimés 40 mille livres, & qu'ils doivent être diviſés entre quatre co-ſucceſſeurs, la portion de chacun ſera par conſéquent de 10 mille livres, & les fruits de chaque portion ſeront portés à raiſon du denier 30, à la ſomme de 333 livres 6 ſols 8 deniers, parce que les fonds comme nous l'avons déja établi ne doivent porter leur produit que ſur le pied du denier 30.

A l'égard des fruits civils, leur liquidation dépend de l'état de la conſiſtance fournie par les Parties, afin d'en calculer le montant ſelon leurs différentes eſpéces, & d'en adjuger à chacun ſa part.

On ſuit les mêmes regles dans les demandes en ſupplément de légitime, il en eſt de même pour la reddition des comptes de tutelle, mais on entre dans un détail plus profond, parce que les tuteurs ſont étroitement obligés à faire valoir les biens & les intérêts des pupilles.

Lorsqu'un particulier passe les bornes de son héritage pour usurper celui de son voisin, on adjuge au propriétaire lésé la restitution des fruits que l'usurpateur a perçus suivant l'estimation qui en est faite par les Experts comme dessus, distraction toujours faite des frais de culture.

Dans la liquidation des fruits d'un bien adjugé au véritable propriétaire, il faut observer si c'est un corps de domaine ou un fonds séparé; si c'est un corps de domaine, on doit en apprécier les fruits distraction faite des charges, des réparations utiles & des frais de culture; si c'est un fonds séparé, on examine la nature de son produit, on l'apprécie selon le cours ordinaire après avoir distrait les charges & les frais de culture.

§. II.

Des Dommages.

On entend par dommages, toutes les pertes causées dans les fonds d'autrui par soi ou par ses bestiaux; l'estimation des dommages eſt plus ou moins conſidérable ſelon la nature de la choſe, ſelon les temps, & les circonſtances.

Les Fermiers peuvent encore cauſer des grands préjudices aux propriétaires quand ils ſurchargent les fonds des domaines par des ſemences réitérées, en marnant les terres mal-à-propos, ou qu'ils négligent de travailler les vignes, de ſoigner les prés, d'entretenir les vergers, & de faire les réparations dont ils ſont chargés ; les terres fatiguées par les ſemences produiſent moins, les vignes, les prés, les vergers dépériſſent faute de ſoin, ainſi que les bâtimens, le propriétaire doit donc en être dédommagé ; dans tous ces cas, les Experts commis à apprécier ces pertes doivent avoir égard au temps, au travail qu'il faut pour parvenir à remettre les choſes en l'état qu'elles auroient dû avoir dans l'ordre naturel ; ils doivent enſuite apprécier les fruits perdus & endommagés ſelon leur nature, leur produit, & ſelon leur cours ordinaire.

§. III.

Des partages des fonds.

Les partages des fonds consistent à fixer avec équité la portion de chaque co-propriétaire suivant les regles d'estimation ci dessus observées ; pour qu'elle soit juste, il faut que toutes les portions ayent la même valeur intrinseque ; pour y parvenir, il est nécessaire de faire plusieurs observations préliminaires. Dans le partage des domaines avant de procéder à leur estimation ; il est important de connoître les charges particulieres, la contenance de toutes les natures des héritages, de distinguer ceux qui sont plus ou moins chargés de redevances, ceux qui sont sujets à des censives indivises ou particulieres, ceux qui sont situés dans des Paroisses ou des Jurisdictions différentes, ceux qui sont susceptibles d'améliorations ou sujets à des accidens, ceux qui sont plus ou moins commodes pour les travaux, ceux enfin qui sont libres des servitudes ou qui en dépendent ; d'après ces confidérations connues des Experts & des Parties ; on pourra procéder aux partages des fonds, fixer les fervitudes, & affortir proportionnellement les lods de chaque Portionnaire ; les mêmes réflexions doivent fervir dans les partages des fonds féparés de tout corps de domaine.

§. I V.

Des Divifions des charges Royales.

Divifer les Charges Royales, c'eft les répartir fur tous ceux qui doivent contribuer à les payer felon la qualité & quantité des fonds qui doivent les fupporter ainfi qu'on l'obferve dans les pays ou la taille eft réelle ; mais dans ceux ou cet impôt eft perfonnel, on a en même temps égard à la richeffe, au commerce & à l'induftrie des contribuables, & cette répartition eft faite par les Syndics & Confuls des Communautés, devant le Commiffaire chargé de procéder avec eux au rolle des impofitions, au lieu que dans les pays où la taille est réelle, cette répartition ne dépend du caprice de personne.

Il y a dans chaque Communauté des cadastres où sont compris tous les fonds des Contribuables avec leurs confins, leur contenance & leur estimation déterminée par le moyen d'un allivrement reglé par des Exqerts abbonateurs, choisis par les Communautés, lors de la confection des cadastres. On les dépose chez le Greffier Consulaire avec un autre registre dans lequel sont inscrits tous les Contribuables avec la totalité de l'allivrement de leurs biens, où l'on couche à fur & à mesure les changemens qui surviennent à l'effet d'en décharger le vendeur & d'en charger l'acquéreur ; de cette maniere, à chaque nouvelle répartition, tous les Contribuables y sont imposés proportionnellement selon le montant des impositions au marc la livre de l'entier allivrement ; on prévient par là d'autant plus d'injustices, que les Officiers des Elections en vérifiant les rôles examinent si toutes les impositions y sont

ſont contenues & ſi la répartition en eſt juſte : lorſqu'on vend un domaine ou un héritage en entier, l'acquéreur ſe charge de l'allivrement qui eſt porté dans le cadaſtre ſur ledit domaine, ou ſur ledit héritage ; ſi au contraire on ne vend qu'une portion de terre, les contractans demeurent d'accord entr'eux de la portion d'allivrement, ou bien ils ont recours au miniſtere des Experts dont ils conviennent à l'amiable, ou en cas de diſcorde, ils les nomment de-gré ou ils ſont nommés d'office devant les Officiers de l'Election du reſſort.

Les regles, dont les Experts doivent ſe ſervir alors, ſont les mêmes que celles pour l'eſtimation des fonds, ils repartiſſent au marc la livre de l'eſtimation, l'allivrement porté dans le cadaſtre ſur l'objet contentieux. On ſuit les mêmes regles lorſque dans une Communauté on veut faire procéder à un nouveau cadaſtre ; dans ce cas la Communauté aſſemblée délibere ſur la néceſſité du nouveau cadaſtre, & la délibération autoriſée par le Commiſſaire départi, on donne en conséquence la confection dudit cadastre, à des Experts qui n'ont ni biens ni parens dans la Communauté; pour procéder à cette opération on doit avoir recours aux Cours des Aydes du ressort, seuls Tribunaux compétents dans ces matieres.

§. V.

Des divisions des charges seigneuriales & foncieres.

Diviser les charges seigneuriales & foncieres, c'est fixer comme dans les charges royales la portion de chacun de ceux qui doivent contribuer à les payer selon la contenance & la qualité des fonds qui y sont sujets; ainsi que ces charges sont stipulées & accordées entre les parties dans les baux à cens & à rente perpétuelle, & dans les reconnoissances postérieures sur les fonds limités dans ces actes.

Quand un Seigneur baille un certain fonds à la charge par le preneur de lui payer dix mesures de bled ou autres redevances quelconques; tous ceux qui ſont devenus co-tenanciers de ce fonds, ſont obligés de payer leur portion deſdites dix meſures de bled au prorata de la contenance ou de la bonté des fonds qu'ils poſſedent; ils ne peuvent connoître cette portion que par le moyen d'une diviſion à laquelle procedent des Experts par eux nommés pour fixer la quotité de chacun; mais lorſqu'un Seigneur a baillé cent arpens de terrein à raiſon d'une meſure de bled par arpent, les co-tenanciers ſont pour lors obligés d'en payer leur portion au prorata des arpens qu'ils poſſedent; dans le premier cas le Seigneur & les tenanciers ſont intéreſſés que la diviſion comprenne tous les fonds portés par les titres qui établiſſent le cens; le Seigneur afin de conſerver l'étendue de ſa directe, & les tenanciers afin que tout ſoit compris dans la répartition, ces derniers ſont encore intéreſſés à choiſir un bon Expert qui connoiſſe non-ſeulement la qualité des fonds pour porter une juſte proportion dans la diviſion, mais même qu'il ſoit en état de fixer l'étendue du fonds porté par les anciens titres ; dans le second cas, l'intérêt des parties se réduit à s'adresser à un arpenteur habile.

Je croirois m'écarter de mon plan, si je m'occupois à résoudre les difficultés qui s'élevent sur l'intérêt des solidarités personnelles & réelles, des charges seigneuriales ; on peut consulter à cet égard les auteurs qui ont traité des droits seigneuriaux comme Dumoulin, Dargentré, Loiseau, la Place, Boutaric, &c.

Les cens & rentes sont plus ou moins aisés à diviser selon la différence des redevances & des terreins qui les doivent ; par exemple, la division d'un septier de froment sur quatre septerées de pré, sera bien moins difficile que celle où il sera question de repartir une quantité de froment, de seigle, d'avoine & d'autres espéces sur toutes natures de fonds ; dans la premiere on n'a qu'un seul objet à diviser sur un fonds qui peut être de même valeur dans toutes ses parties, au lieu que dans la seconde il faut évaluer les différentes espéces de redevances, & eſtimer tous les fonds ſelon leur valeur : le premier ſoin d'un Expert pour bien procéder à une diviſion, c'eſt de limiter l'étendue du fonds porté dans les titres, j'indiquerai dans le troiſiéme Chapitre la méthode qu'on pourra ſuivre à cet égard ; on doit enſuite être attentif à bien arpenter les fonds, & à les eſtimer ſelon les regles ci-deſſus énoncées : pour rendre la diviſion moins difficile, on pourra ſe ſervir du modele ſuivant. Je dois diviſer un ſeptier de froment que j'évalue à 4 liv. un ſeptier de ſeigle à 3 liv. un ſeptier d'avoine à 2 liv. & une geline à 8 ſ. total 9 liv. 8 ſ. je dois repartir cet objet de cens ſur cinq arpens de différente nature de terre poſſedés par pluſieurs tenanciers ; je ſuppoſe l'eſtimation deſdits arpens revenir en total à la ſomme de 3760 liv. pour rendre mon opération plus aiſée, je réduis mon eſtimation en allivrement en prenant un ſol ſur chaque 20 liv. d'eſtimation, ſix deniers pour 10 liv. &c. par le moyen de cette réduction je ne trouve dans les 3760 liv. que

9 liv. 8 s. d'allivrement; pour lors ma division est facile, parce que n'ayant que 9 liv. 8 s. de cens à répartir sur pareille somme en allivrement, je n'ai qu'à porter un sol de cens en froment, seigle, avoine ou geline sur chaque sol d'allivrement ou sur chaque 20 liv. d'estimation & même à proportion sur chacune des pieces sujettes à la division, moyennant quoi je suis assuré de faire supporter à chaque partie d'héritage la portion de cens qui la compete dans les différentes especes. Cet exemple est suffisant pour indiquer la méthode qu'il faut suivre; chacun à cet égard peut se faire un plan selon les circonstances des objets à diviser.

Dans les pays cadastrés on peut prendre pour regle de ces sortes de divisions les allivremens portés dans les cadastres, il faut néanmoins considérer si la date de ce livre est trop reculée afin d'avoir égard aux changemens survenus depuis.

Dans certains climats où les inclinations & les mœurs sont plus douces que dans d'autres, on assemble les différens co-tenanciers pour convenir entr'eux de l'eſtimation des fonds & ſur leur rapport on procéde aux diviſions.

Il arrive ſouvent que des co-tenanciers ſont négligens & mauvais cultivateurs, mais cette négligence & ce défaut de culture ne doivent pas nuire aux autres co-tenanciers dans la répartition du cens, on doit conſidérer les fonds tels qu'ils étoient lors de la tradition ou lors de l'époque des titres ſur leſquels on procede aux diviſions il ne faut avoir aucun égard aux détériorations ſurvenues par le défaut des tenanciers parce qu'ils ſont perſonnellement obligés d'améliorer les fonds & de ne pas les détruire.

§. VI.

De la liquidation des lods.

Il arrive ſouvent que des particuliers vendent pluſieurs héritages ſous un même prix ; on peut être pour lors embaraſſé de ſçavoir quelle eſt la portion des lods qui eſt dû à chacun des Seigneurs. Dans cette position l'acquéreur doit à ses frais faire repartir par des Experts le prix de la vente sur chaque partie des fonds telle qu'elle est reclamée par les Seigneurs ; cette répartition se fait selon les regles de l'estimation des fonds, en divisant au marc la livre le prix de la vente sur toutes les parties du fonds relativement aux titres des Seigneurs, afin que chacun perçoive sa juste portion de lods.

CHAPITRE II.

Des bornes, limites & séparations des fonds.

LA terre a pour bornes la mer ; les Royaumes, les Provinces, les Duchés, les Terres titrées & non titrées, les Jurisdictions, les Villes, les Bourgs, les Paroisses, les Villages, les Hameaux & toutes les différentes natures des fonds ont tous leurs bornes, leurs limites & leurs séparations ;

c'est dans leur enceinte que les Souverains exercent leur empire, qu'ils protegent & qu'ils défendent leurs sujets, que les Seigneurs perçoivent leurs droits, qu'ils y font exercer la Justice, que les Villes, Bourgs, Villages & Hameaux, jouissent de leurs priviléges & de leurs biens communs, & les particuliers de leurs possessions qui leur parviennent par succession ou par acquisition, & qu'ils s'y maintiennent par la justice & la police du Royaume.

Les troupes veillent aux frontieres des Etats, les montagnes, les fleuves, les rivieres qui les séparent rendent leurs limites sensibles ; la France par exemple a pour bornes vers l'orient l'Allemagne, la Suisse, la Savoie, le Piémont & les Alpes ; la Méditerrannée & les monts Pirenées la limitent au midi ; la mer Océanne au couchant, & la Manche & les Pays-Bas la terminent au nord. Ses Provinces sont bornées par des fleuves, des rivieres, des ruisseaux, des chemins, des montagnes, ou par des grosses pierres élevées au dessus de la terre; dans les Jurisdictions, dans les Villes, dans les Bourgs & dans les Paroisses se trouvent des bornes convenues ou accordées par des titres ou autres monumens; enfin tous les fonds sont pareillement limités, bornés ou séparés par des bornes convenues entre les voisins, ou par de certaines marques de l'art ou de la nature.

Dans les discussions qui s'élevent sur les bornes des Provinces, on a recours aux titres de propriété, tels que les hommages, les dénombremens rendus au Roi, les reconnoissances des fonds limitrophes, les procédures faites en Justice, & les Procès-verbaux des bornes; on vérifie les anciens confins portés dans les titres, la contenance des fonds limitrophes, & les marques extérieures qui peuvent faire présumer les bornes; on observe encore la possession respective des parties sur les objets contestés; l'avis des Experts est requis sur toutes ces circonstances afin qu'ils puissent donner leur rapport avec connoissance de cause. Pour les bornes des Jurisdictions des Terres, des Bourgs ou des Villages, on a prefque toujours recours à des enquêtes relativement aux titres : on remarque ordinairement que les vallons, les colines & le ſommet des montagnes ſervent de bornes aux terres titrées, & aux Juriſdictions comme ſeul moyen qu'offroit l'ignorance pour les diſtinguer dans ces tems où les campagnes étoient encore incultes & déſertes.

Dans les Provinces cadaſtrées on reconnoît aiſément les bornes, parce que dans les cadaſtres toutes les poſſeſſions ſont décrites avec leur dénomination, leur nature & leur contenance ; la facilité de les reconnoître dépend néanmoins de l'ancienneté du cadaſtre & de la révolution des mutations : quand il s'éleve à cet égard des conteſtations, les parties ſoumettent leur différent à des Experts, en leur communiquant une copie du cadaſtre contenant le détail des piéces contentieuſes ; ſur cela les Experts vérifient les confins & la contenance de la piece la moins conſidérable pour lui donner la contenance portée par le cadaſtre, & en conſéquence ils plantent des bornes pour marquer la séparation des deux pieces. Il arrive quelquefois que la mesure du lieu a varié, ou que la contenance n'est pas bien fidelle dans le cadastre, pour lors les Experts doivent mesurer les deux piéces contentieuses & donner au prorata à chacune une contenance proportionnée à celle du cadastre, parce qu'il ne seroit pas juste que le plus grand tenancier obligé de fournir la contenance au plus petit, dût profiter seul de l'infidélité du cadastre.

Examinons à présent ce que l'on entend par bornes, limites & séparations, à quelles marques on peut les reconnoître selon l'expérience & l'usage des lieux, & faisons des réflexions sur les intérêts respectifs des droits & des différents qui s'élevent à cet égard.

Le terme de borne signifie le point fixe de séparation, ou la marque légitime des confins des différentes Provinces, Terres, Jurisdiction ou héritages; ces marques consistent le plus souvent en une grosse pierre plantée dans la terre aux deux côtés de laquelle on place deux moitiés d'autre pierre qu'on appelle garants, ou témoins de la borne.

Il y a des Provinces où des croix gravées ſur des rochers & autres marques tiennent lieu de bornes; on les prouve par actes ou par témoins.

Les bornes des Provinces, des terres ſeigneuriales & des Juriſdictions, ſont beaucoup plus élevées au-deſſus de la terre; les Seigneurs ſont dans l'uſage d'y faire graver leurs armes du côté de leur terre; & de dreſſer des Procès-verbaux lors de leur plantation, au lieu que de particulier à particulier on ſe contente de les faire planter en préſence des parties par le miniſtere des Experts. Lorſqu'une des parties arrache les bornes, le plaignant doit recourir au Juge des lieux pour les faire replanter; il peut encore ſe ſervir de la voie criminelle; s'il eſt queſtion des bornes des bois, il faut recourir à la Juriſdiction des eaux & forêts; les bornes une fois plantées & contre leſquelles on n'a pas reclamé dans les trente ans, doivent ſervir de ſéparation, quand bien même une des parties n'auroit pas la contenance qu'il devroit avoir.

Le terme de limite ſignifie pareillement la marque ou la ſéparation des fonds, comme ſont les montagnes, les rivieres, les ruiſſeaux, les ravins, les tertres, les chemins, rochers &c. que la nature a joint aux héritages.

Les bornes different des limites en ce que les premieres viennent de l'art, & les autres de la nature.

Les ſéparations des héritages ſont les murs, les hayes & les foſſés qui cloſent les héritages afin de prévenir les dommages. Telles ſont les marques dont on ſe ſert pour fixer la portion de chaque propriétaire; elles méritent des obſervations néceſſaires aux Experts commis pour vérifier & rapporter les droits de chaque propriétaire.

La premiere attention à l'égard des bornes des héritages, doit être de s'aſſurer ſi les marques de ſéparation forment de véritables bornes; on doit viſer enſuite par le ſecours d'une équerre le véritable alignement du cours des bornes afin d'appercevoir ſi les jouiſſances reſpectives ſont conformes aux bornes Quand on trouve des arbres dans l'eſpace des ſéparations ; on vérifie par-là à qui ils appartiennent en conſidérant le fonds dans lequel les arbres ont pris naiſſance ; c'eſt d'après cet examen qu'on peut juger les queſtions des ſéparations des fonds. Les bornes doivent regler tous ces intérêts. On ne peut pas refuſer l'arbre à celui dans le fonds duquel il eſt né, il doit être mitoyen lorſqu'il eſt né dans la ligne de la borne. Nous ne traiterons pas ici de la diſtance requiſe dans la plantation des arbres le long des bornes, des héritages ni des droits reſpectifs ſur la conſtruction des murs, ſur la plantation des hayes & ſur les foſſés qu'on pratique joignant les héritages, on en trouvera les déciſions dans le Chapitre des ſervitudes.

Les limites ſont pareillement ſuſceptibles de pluſieurs obſervations ; il importe de ſçavoir à qui elles appartiennent, & comment on doit en uſer. Les tertres appartiennent toujours de droit à ceux qui poſſedent le fonds supérieur par la raison que les tertres le soutiennent; il faudroit un titre ou des bornes contraires pour les adjuger au fonds inférieur. Le possesseur du fonds supérieur doit observer de laisser inculte un pied de terrein le long du tertre, tant pour conserver son terrein que pour l'empêcher de tomber dans le fonds inférieur. Le propriétaire du fonds inférieur doit laisser la même distance le long du tertre, parce qu'en travaillant tout contre il l'entraineroit insensiblement dans son fonds: cette loi d'équité intéresse également les deux propriétaires.

A l'égard des chemins, des ruisseaux & des ravins, le milieu du chemin & du coulant de l'eau doivent servir de bornes aux aboutissans; chacun doit jouir jusques-là de tous les avantages, s'il y a quelque chose au milieu, elle est commune. Il n'en est pas de même des limites des fleuves & des rivieres navigables, parce que les particuliers aboutissans ne peuvent jouir que jusqu'au lit de l'eau.

Pour décider des séparations des murs, des hayes & des fossés, on doit examiner les bornes s'il y en a, & observer de laisser pareillement inculte un pied de Roi, près lesdites séparations afin de ne pas les endommager. Ces sortes de séparations peuvent être quelquefois mitoyennes, pour lors on partage tout ce que leur espace renferme. A défaut de bornes, c'est la nature du terrein qui doit faire juger de leur propriété en consultant la Coutume des lieux; on estime ordinairement qu'elles appartiennent aux héritages à qui ces séparations sont les plus nécessaires; on les adjuge aux maisons préférablement aux jardins, à ceux-ci préférablement aux vergers avant les vignes, aux vignes avant les prés, aux prés plutôt qu'aux bois &c. selon que la nature du terrein mérite la préférence de cloture. Lorsque les héritages sont d'une même nature on estime les séparations mitoyennes; l'espérience & l'équité sont la base de ces décisions; nous en parlerons dans le Chapitre des servitudes.

CHAPITRE III.

Contenant la méthode exacte & facile pour vérifier & appliquer les anciens confins des fonds, portés dans différens titres, pour les combiner avec les nouveaux.

VErifier & appliquer aux fonds leurs anciens confins portés dans différens titres en les adaptant aux nouveaux, c'eſt démontrer par la preuve des actes que les fonds que nous poſſédons ont une égale étendue & ſont les mêmes que ceux de nos prédéceſſeurs, & de ceux dont nous avons le droit.

L'origine des biens & des perſonnes contribuera beaucoup à nous faire connoître l'intérêt & l'utilité de ces recherches.

Nos premiers peres poſſederent tout le terrein qu'ils purent cultiver; la population forma bientôt des Colonies nombreuſes qui ſe ſéparerent & devinrent ennemies. On fit la guerre ; le fort dompta le foible, & ce fut à la force des combats & à quelques loix de police que nous devons les premiers principes de la ſociété : chaque climat vit naître des hommes dont les inclinations, les mœurs, le caractere, la force, l'eſprit & les talens varioient à l'infini ; ici l'on préféra de vivre ſous les loix de la République ; là on aima mieux celles de la Monarchie ; dans d'autres contrées, ſur-tout vers celle de l'Orient, on plia ſous le deſpotiſme. Malgré les coups du tems, & le caprice des hommes, ſes loix primitives ſubſiſtent encore chez les Nations ; il faudroit ſuivre l'Europe dans toutes ſes révolutions pour bien connoître les différens changemens arrivés dans ſes mœurs ; mais ce détail nous conduiroit trop loin ; nous examinerons ſeulement en ce point ce qui concerne la France. Cet état ſe forma en 420 ſous le regne de Pharamon ; pluſieurs Capitaines de la Franconie l'ayant élu pour leur Chef ou leur Roi, il fit avec eux la conquête des Gaules :

ces Capitaines qui avoient combattu avec Pharamon eurent part à la conquête ; ils conſerverent le privilege de leur état ; les peuples du Pays conquis qui vivoient ſous la domination des Romains continuerent de vivre ſous les loix Romaines, quelques-uns conſerverent plus de liberté que les autres ; de-là la puiſſance du Roi, l'origine des nobles & des roturiers ; tous les fruits du Pays conquis fournirent à la ſubſiſtance de l'Etat ; les Capitaines ne jouiſſoient de leur portion qu'à la charge du ſervice militaire ; leurs biens après leur mort retournoient à l'Etat qui en diſpoſoit en faveur d'autres militaires. Le peuple cultivoit les campagnes aux conditions qui lui étoient impoſées ; le tems changea ces diſpoſitions à proportion que l'Etat augmenta ; les fonds dont les militaires ou les nobles jouiſſoient changerent de forme, ils devinrent patrimoniaux & héréditaires vers le treiziéme ſiécle, à la charge du ſervice militaire ; on établit pour lors des formalités pour conſerver à la Couronne la dépendance de ces fonds, les possesseurs en rendirent hommage au Roi avec serment de fidélité, en déclarant tenir ces biens de lui, à la charge du service militaire & d'autres droits; de-là vint l'origine des fiefs ainsi nommés du mot de *fidelitate vel fide.* Les propriétaires des fiefs dans les tems de trouble & de calamité, voulant ou se donner des protecteurs, ou diminuer leur service militaire, cederent sous un même hommage, certaine portion de leurs fiefs, à la charge par les preneurs de les servir dans le besoin, de-là l'origine des arriere-fiefs.

Les peuples qui avoient conservé leur liberté sous certaines conditions continuerent de jouir de leurs biens avec franchise, de-là l'origine des biens allodiaux.

Les choses dans cet état, les Seigneurs des fiefs & des arriere-fiefs furent obligés personnellement au service militaire ou à fournir leur contingent en hommes ou en argent; on appelloit à ce service les Seigneurs des fiefs par la convocation du ban, & les Seigneurs des arriere fiefs par celle de l'arriere ban : les Seigneurs des fiefs marchoient les premiers & commandoient à ceux des arriere-fiefs leurs vassaux, les uns & les autres avoient sous leur commandement les hommes qu'ils fournissoient ; on faisoit la répartition du service militaire dans chaque Province, à proportion du revenu des fiefs, selon le dénombrement que chaque propriétaire étoit tenu d'en donner.

Les Seigneurs ne pouvant pas cultiver par eux-mêmes leurs fiefs les concéderent aux paysans, roturiers & cultivateurs pour certain temps, ou à perpétuité à la charge par eux de leur en payer certains droits, & certaines redevances en grains ou autres especes, delà l'origine des cens & des droits seigneuriaux, & des fonds roturiers.

L'invention des Arts & des Sciences fit abandonner à certains la culture des fonds en les abandonnant à d'autres personnes à temps, ou perpétuité, à la charge de leur en payer certaines sommes, certaine quantité de grains ou autres espéces, indépendamment des redevances ſeigneuriales ; delà l'origine des rentes foncieres & perpétuelles.

On imagina enfin dans le commerce des monnoyes, de créer ou d'hypotéquer ſur ces mêmes fonds certaines rentes en grains ou en argent, moyennant certaine ſomme ; delà vint l'origine des rentes conſtituées & des ſurcens ou rentes volantes. Telle eſt l'origine des biens, & celle des droits des perſonnes.

Les fiefs étant devenus patrimoniaux, il fut permis à toutes ſortes de perſonnes de les acquérir pour de l'argent, mais comme on s'apperçut que les roturiers devenoient les maîtres de preſque tous les fiefs nobles, il fut néceſſaire de trouver quelque moyen qui ſervît de frein à leur ambition ; les loix du royaume les déclarerent en conſéquence, incapables de poſſéder des fiefs, à moins de payer au Roy certaine finance qu'on appella droit de franc-fief, établi dans le XIIIe. ſiécle ſous le regne de Philippes III. Les Roys pour récompenſer le mérite de certains roturiers, leur accorderent dans les suites le privilege de noblesse pour les affranchir de ces droits, & les faire jouir des autres prérogatives des nobles ; ce même droit de franchise fut concédé à certaines villes ; on accorda enfin le titre de noblesse aux Chefs de police, Echevins, Capitoul & Consuls de certaines villes ; on acquiert enfin la noblesse par le service militaire ou par les fonctions de quelques charges après certain temps d'exercice.

Les Ecclésiastiques qui ne vivoient d'abord que de l'offrande des fideles trouverent le moyen d'acquérir toutes sortes de biens, nos Roys, les Princes, les grands Seigneurs & les Fideles les en combloient tour à tour ; on fut séduit par le zele des Fondateurs des Monasteres ; les Papes se regardoient comme l'arbitre des Couronnes & des Biens ; on faisoit passer par leurs mains tous les dons destinés à l'établissement des Monasteres ; d'ailleurs dans ce temps de foiblesse on n'osoit rien refuser à l'Eglise ; c'est ce qui causa les plus grandes pertes dans le Commerce des biens ; rien ne fut plus

plus important à l'état que de diminuer tant de cupidité en établissant le droit d'amortissement qui consiste en certaine finance dûe au Roy sur tous les biens donnés ou vendus aux gens de main-morte, comme sont les Eglises, Monasteres, Chapitres ou Communautés Laïquès ou Ecclésiastiques ; on ne sçauroit trop admirer la sagesse de l'Edit de 1749, qui défend le plus expressément aux gens de main morte de s'aggrandir ; c'étoit le seul obstacle qu'on pouvoit porter à leur ambition, & le seul moyen propre à prévenir la ruine de l'état ; le droit d'amortissement n'appartient qu'au Roy, comme ayant seul le droit de changer quand il lui plait l'état & la condition de ses sujets & de leurs biens ; les grands Seigneurs avoient autrefois usurpé ce privilége ; ils amortissoient les héritages situés dans leurs terres ; mais depuis l'Ordonnance de Charles V de 1372, on n'a plus douté que ce fut un droit de la Couronne, *conformément au Droit Romain*, *en* LA LOI SACRA LOCA, ff. §. *Sciendum de lege* 1. *& lege ultima ff nec poss.* leg. Suivant ces diſpoſitions, les biens ni les lieux ne pouvoient être conſacrés ni ôtés du Commerce, *niſi juſſu principis ;* mais ſi les Seigneurs n'ont pas ce droit, ils ont cependant une indemnité à exercer ſur tous les fonds vendus ou donnés aux gens de main-morte, & cette indemnité eſt plus ou moins forte ſelon la qualité des biens & les droits des Seigneurs. On peut conſulter à cet égard la Coutume des lieux, & les Auteurs qui traitent des droits ſeigneuriaux dont nous avons déja parlé.

Dans les premiers temps, les Roys rendoient la Juſtice à leurs Sujets, mais l'état & les affaires croiſſant de jour en jour, ils ont abandonné ce ſoin aux Parlemens & ont établi ſous eux différens degrés de Juriſdictions ; les Seigneurs du conſentement du Roy rendoient également la juſtice aux habitans de leur terre ; ils furent obligés dans la ſuite de nommer des Sujets capables de la rendre. La barbarie des temps forma pluſieurs degrés de juriſdictions parmi les Seigneurs des fiefs & des arriere-fiefs ; les uns s'arrogerent la haute Justice, les autres la moyenne, & les derniers la basse; chacune de ses Jurisdictions a des droits dont le détail seroit trop long; on peut consulter à cet égard les Auteurs qui traitent des droits seigneuriaux que nous avons indiqué, & surtout Bacquet, Traité des Droits de Justice.

Il étoit difficile après tant de révolution dans le commerce des fonds de reconnoître & de distinguer sans le secours des titres & des limites, les fiefs, les arriere-fiefs, les jurisdictions, & les fons sur lesquels les cens & autres redevances furent établis.

La force des armes fixa les limites des Provinces souveraines, les hommages & dénombremens, déterminerent les fiefs & les jurisdictions, & les baux à cens distinguerent les héritages.

Les hommages, les dénombremens, les baux à cens & à rente fonciere perpétuelle, les investitures, & les reconnoissances féodales, expriment l'étendue des fiefs & des fonds par leur situation, par leur dénomination, par leur contenance, par leurs confins, par leurs bornes, & par leurs limites, c'est quelquefois par la seule dénomination & par la situation soutenues de la possession qu'on reconnoît les bornes des fonds.

La situation détermine le lieu, la Paroisse & la Province où les biens sont situés.

La dénomination indique le nom propre de chaque fonds; la contenance exprime la quantité du terrein selon la mesure des lieux.

Les confins indiquent les tenans & aboutissans aux héritages; les bornes & les limites indiquent enfin les différentes marques de séparation des fonds.

Malgré toutes ces précautions, combien d'obstacles ne trouve-t-on pas en voulant fixer & reconnoître l'étendue des fiefs & des fonds portés dans les différens titres; les mutations continuelles des possesseurs, la variation dans la dénomination de certains fonds causées par l'union des familles, la négligence, l'ignorance, l'impuissance des propriétaires, la perte des titres, le laps du temps, les améliorations, les détériorations des héritages, tout contribue à rendre difficile quelquefois même impossible d'appliquer l'étendue des fonds à cause de l'ancienneté des confins. Si l'on avoit eu soin de faire renouveller exactement les titres des concessions des fiefs & des baux à cens lors de changemens qui sont survenus, ce seroient autant de témoignages vivans des droits d'un chacun; c'est à ce défaut qu'on doit la profession des Experts féodistes.

Cette négligence a encore exposé les Seigneurs à une grande dépense à chaque renouvellement de terrier, à des procès nécessaires pour parvenir à fixer essentiellement leurs fiefs sur les possesseurs actuels, à ruiner quelquefois leurs censitaires par de nouvelles découvertes. Il arrive enfin que des féodistes ignorans dénaturent les fiefs & qu'ils font des extensions des uns aux autres qui sont la source des procès de la plus longue discussion; en effet les Seigneurs étant obligés d'établir & coter leur demande en Justice, ils ont recours à des Experts féodistes pour vérifier les confins des fonds sur lesquels les Seigneurs prétendent leurs redevances, afin de les appliquer aux titres qui les constituent; parce qu'ils sont tenus suivant l'art. 3. du tit. 9. de l'Ord. de 1667, de confronter, limiter, désigner & fixer la contenance des héritages sur lesquels ils demandent leurs droits, de maniere que le Censitaire puisse les reconnoître. Quand les bornes des fiefs ne sont point connues, les Seigneurs sont encore dans la nécessité d'appeller les propriétaires des fiefs contigus, afin d'établir d'une maniere légale l'étendue de leurs fiefs & leur possession; comme le cens est imprescriptible dans le pays de droit écrit; & dans presque toutes les Coutumes il arrive souvent qu'on découvre certains cens, dont les arrérages ruinent les censitaires: les féodistes enfin à la faveur de la confiance entiere des Seigneurs, font reconnoître aux tenanciers les redevances sans aucun égard aux titres qui les établissent, ils étendent encore les fiefs au-delà de leurs bornes, & diminuent par-là ceux qui les avoisinent, le laps du temps ne couvrant pas ces injustices, elles sont tôt ou tard la cause des procès les plus dispendieux.

Les Seigneurs établissent les cens & les droits qu'ils réclament par titres; on entend par titres tous les actes passés entre les Seigneurs & leurs censitaires, tels que sont les actes par lesquels les Seigneurs baillent à leurs paysans certains fonds désignés à la charge des cens & des droits convenus, ou tels autres actes par lesquels les censitaites reconnoissent ces fonds sous les mêmes, ou tels autres droits, & généralement tous les actes passés entre les Parties où les fonds & les cens sont exprimés. Ces fonds sont quelquefois désignés par des confins permanens comme ceux des fonds qui joignent les rivieres, les ruisseaux, les chemins, les tertres, les montagnes; pour lors l'application des titres est sans équivoque; aucune des Parties ne peut les contester; à défaut de semblables confins, on a recours à la possession toutes les fois qu'on ne trouve pas des actes pour justifier l'étendue

& les bornes des fonds ; quelquefois le fonds dépend de la contenance qui se trouve exprimée dans les titres ; dans ce cas la mesure du lieu fait la loi, mais lorsque les fonds sont confrontés, que la contenance en est fixée, la regle générale, veut qu'on se décide plutôt par les confins que par la contenance comme susceptible de variation. On exprimoit autrefois la mesure des fonds, par la semence ou le travail ; on disoit, par exemple, cette terre contient dix septiers de semence, ce pré deux journées d'homme à faucher, &c. dans les suites, on a déterminé ces expressions par une mesure propre à chaque lieu selon celle des grains, par-là on a fixé l'étendue des terres par un certain nombre de toises, comme par seterées, arpens, journées, &c, selon la mesure convenue.

Lorsqu'il s'agit de prouver par la possession les confins des fonds, le Seigneur est obligé de prouver par témoins qu'il a toujours perçu en vertu de son titre le cens qu'il demande sur le fonds qu'il réclame.

Mais lorsqu'on veut justifier les confins par des titres, on est obligé d'avoir recours aux actes possessoires des fonds contigus, afin de prouver que ces fonds rappellent les autres dans leurs confins, & démontrer en conséquence que les fonds contestés sont les mêmes que ceux portés dans les titres qui établissent le cens demandé.

Toutes les contestations qui s'élevent à cet égard se réduisent à des questions de droit ou de fait, les questions de droit dépendent des titres, & de la possession; les questions de fait dépendent de la vérification des lieux dans l'application des titres, les premieres sont de la compétence des Magistrats, & les secondes du rapport des Experts.

Dans les baux à cens, déclarations & reconnoissances, les Tenanciers s'obligent à faire montre oculaire de leurs héritages, mais rarement sont-ils dans le cas de connoître les confins à cause de l'ancienneté des titres, le mérite de leur obligation se réduit à montrer leurs héritages en déclarant leur dénomination, leurs bornes & leurs confins, & c'est ensuite aux Experts à procéder à l'application des titres selon les regles de leur Art, afin de démontrer par les preuves des actes la véritable position des confins.

Dans cette opération les Experts doivent s'attacher à connoître l'usage des lieux propre à chaque siécle pour fixer, déterminer & décrire les fonds; dans certains pays on distinguoit les fonds par les tenanciers qui les occupoient; dans d'autres par la dénomination du local; dans d'autres par les tenanciers, par la dénomination, par les confins, bornes & limites tout ensemble, d'autres enfin ont ajouté à toutes ces expressions la contenance; c'est d'après ces observations que nous nous flattons de donner plus de consistance à ce que nous nous sommes proposés dans ce Chapitre, au moyen des exemples suivans.

En 1440, le Seigneur de S. Denis donna à titre de bail à cens à Jean Mauran un domaine ou métairie située au village de Mauran, Paroisse de S. Denis, sous la redevance de deux ſeptiers de froment meſure de S. Denis, & de tous droits ſeigneuriaux (ſans aucuns confins ni contenance.)

En 1430, le Seigneur de S. Pierre inveſtit Jean Jacques d'un terroir appellé de Calcor, ſitué dans la Paroiſſe de S. Pierre, ſous la redevance de trois ſeptiers de ſeigle meſure de S. Pierre (ſans autre expreſſion.)

En 1500, le Seigneur Delbe bailla à cens à Jean François un terroir appellé Dumon, ſitué dans la Paroiſſe Delbe, confrontant du Chef avec les terres de Michel Martin, d'un côté avec pré de Simon Aſtruc, du fonds avec bois de Me. Alexandre Mirabel, & d'autre côté, vigne de Jacques Portes, ſous le cens de quatre ſeptiers d'avoine meſure Delbe.

En 1600, le Seigneur de Cor bailla à François Conſtant, un pré au terroir du Gua dans la Paroiſſe de Cor, contenant dix arpens meſure de Cor, confrontant ledit pré du Levant avec verger de Demoiſelle Marianne Lagentie de Frontenac, du Midi avec pré de Simon Bertier, du Couchant avec pré de noble François Descroussalhes, & du Septentrion avec autre pré de Messire François la Gentie, Seigneur de Cayrefort, sous le cens de deux sols tournois : si Jean Mauran & ses successeurs avoient toujours possédé le même domaine, & qu'il eût été reconnu à chaque succession ou mutation au Seigneur de S. Denis, avec le détail de sa consistance, personne ne douteroit de son emplacement, de ses confins, de son étendue, & de ses possesseurs, il en seroit de même de Jean Jacques pour le terroir de Calcor, de Jean-François pour le terroir du Mon, & de François Constant pour le terroir du Gua ; mais les uns & les autres, ainsi que les possesseurs des fonds limitrophes ont tant de fois changé de nom, ils ont vendu, échangé, divisé, sousdivisé ces fonds ; ils en ont même vendu une partie à leurs voisins qui ont ôté les murs, arraché les haies, détruit les séparations & changé la nature du terrein pour le réunir à leurs possessions ; certains acquéreurs se sont chargés de la taille & du cens, d'autres ſe ſont ſeulement chargés de la taille; il en eſt enfin d'autres qui ne ſe ſont chargés de rien; il s'eſt écoulé un tems conſidérable depuis ces ventes; le vendeur par ſa négligence en paye encore le cens, & le payera de même juſqu'à ce que le Seigneur ait fait renouveller ſon terrier, peut-être même le féodiſte en procédant au terrier ne s'appercevra pas de cette circonſtance; en attendant cette découverte, le Seigneur ſera privé des lods qui ſeront ſurvenus. Il arrivera encore que le Seigneur voiſin comprendra par extenſion cette poſſeſſion dans ſon fief; le laps du tems, la perte ou l'égarement des titres couvrira ce défaut pendant quelque tems; il s'élevera enfin à cet égard, un procès ruineux qui compromettra un nombre infini des parties. Ce ſont des cas aſſez familiers dans ce ſiécle; les Seigneurs ne ſçauroient jamais porter trop d'attention à renouveller leurs terriers à chaque mutation, ou du moins à percevoir les lods & ventes par acte public comme l'on faiſoit autrefois, à fin de prouver plus facilement toutes les mutations : dans cet état les Seigneurs & les emphitéotes sont intéressés à connoître l'ordre qu'il faut garder pour vérifier & appliquer avec succès les confins des fonds portés dans différents titres, afin de prévenir des procès & s'opposer aux injustices qu'on pourroit leur faire lors des renouvellemens des terriers.

Après avoir détaillé toutes ces circonstances, quelle sera donc la méthode dont on pourra se servir pour découvrir la consistance du domaine de Jean Mauran, du terroir de Calcor de Jean-Jacques ; du terroir Delmon de Jean-François, & du pré Delgua de François Constant ; tous ces articles méritent d'être discutés séparément. 1°. Pour prouver l'étendue du domaine de Mauran, il faut considérer si le cens réservé sur ledit domaine est payé au Seigneur de Saint Denis, ou s'il ne l'est pas ; si le cens est payé, il faut examiner les lieves ou cueilloirs, anciens & modernes du Seigneur de Saint Denis ; pour connoître le nom des tenanciers qui ont payé en différens tems ledit cens, vérifier les fonds de ceux qui payent ledit cens, pour connoître si le domaine de Mauran est contigu ou composé de plusieurs possessions détachées, consulter ensuite tous les titres des fonds limitrophes, comme baux à cens, reconnoissances féodales, divisions, cadastres, ventes, partages & généralement tous les actes passés à raison des fonds, pour constater par leurs confins, les possessions du domaine de Mauran, afin d'établir par l'application de ces titres, si tous les tenanciers dudit domaine de Mauran sont employés dans le payement du cens & d'y faire comprendre les nouveaux co-tenanciers qu'on découvriroit par cette opération; par ce moyen on parviendra à connoître le corps & le détail de toutes les possessions du domaine, on pourra les faire reconnoître avec leur dénomination, leurs confins & leur contenance, & faire procéder ensuite à la répartition du cens sur tout les co-tenanciers, & à la liquidation des arrérages.

Si le Seigneur de saint Denis n'est pas payé du cens, l'opération pour établir son droit sera toujours la même, mais beaucoup plus considérable, parce que la possession du cens étant inconnue, il faudra pénétrer dans le détail de toutes les pieces du Village du Mauran, consulter les titres des fonds dudit Village, de l'époque de 1430 pour distinguer par leur application, les possessions qui appartenoient pour lors à Jean Mauran, poursuivre ensuite la même application sur les possesseurs postérieurs à cette époque, jusqu'au moment de cette vérification, afin de connoître les possesseurs actuels du domaine de Mauran ; cette vérification dans cet ordre, prouvera sans doute que les fonds des Mauran ne sont occupés par aucun autre Seigneur, au moyen de quoi les tenanciers auront moins de peine à se persuader que cette opération est certaine, d'autant mieux qu'elle sera prouvée par l'application des titres des fonds limitrophes.

Pour asseoir le terroir de Calcor,

il faut pareillement consulter la possession du Seigneur de Saint Pierre, en suivant les regles ci-dessus, s'attacher ensuite à la dénomination des fonds, & fixer en conséquence l'étendue du terroir de Calcor, par l'application des titres des fonds limitrophes dans le même ordre ci-dessus.

On peut plus facilement découvrir le terroir Delmon à la faveur de ses confins; il faut également s'attacher à la possession du Seigneur Delbe, en intéressant sur les lieux l'indication des tenanciers, il faut ensuite examiner si cette indication est justifiée par les titres des fonds contigus, par exemple le terroir Delmon confronte du chef avec terres de Michel Martin; pour le justifier, on doit rechercher quelque titre qui annonce que la terre de Michel Martin confronte du fonds avec le terroir Delmon ou avec la terre de Jean François qui le possédoit; si la terre de Michel Martin, dépend du même Seigneur, on doit avoir recours au bail à cens fait audit Martin, ou au reconnoissances postérieures, si elle n'en dépend pas, il faut intéresser le Seigneur dont elle releve afin de déterminer ses confins par l'application de ses titres; si la terre dudit Michel Martin est noble, il faut consulter les hommages & dénombremens rendus par Michel Martin, les actes de partage & généralement tous les autres actes qui pourroient donner les confins de cette terre, & poursuivre l'application des confins dans les titres postérieurs: on doit suivre la même route pour justifier les autres confins jusqu'aux possesseurs actuels: après avoir ainsi parcouru les confins du terroir Delmon, il sera aisé d'en connoître les vrais possesseurs, d'en mesurer le terrein, de limiter & confronter tous les héritages qui en dépendront, pour le faire reconnoître au Seigneur Delbe & repartir ensuite le cens sur tous les co-tenanciers. Si le terroir Delmon est situé dans un pays cadastré, on pourra avoir recours au cadastre pour prélever tous les articles dudit terroir, examiner dans le registre des charges & décharges, les différentes mutations & les possesseurs actuels, adapter ces articles dans l'application des titres pour prouver les confins dudit terroir, par ce moyen, on pénétrera dans tout le détail des intérêts des Seigneurs & des censitaires.

A l'égard du pré du Gua comme le titre porte la contenance & les confins avec leur horison, & que d'ailleurs l'époque du titre est moins éloignée, on aura plus de facilité à fixer l'étendue de ce pré ; en suivant les mêmes regles ont doit espérer d'en reconnoître les vrais possesseurs.

Telles sont les regles générales pour parvenir à reconnoître les vrais possesseurs des fonds portés dans les anciens titres, à fixer leur contenance & à démontrer leurs bornes, afin de conserver essentiellement aux Seigneurs & aux censitaires leurs droits respectifs ; cette méthode dépend néanmoins d'une opération préliminaire sur les lieux & d'un certain ordre dans l'arrangement des titres, afin d'éviter toute confusion & d'aider à cette attention continuelle qu'une pareille matiere exige, on ne ſçauroit faire uſage de ces regles ſans avoir levé un plan géométrique des lieux ou tout au moins un plan viſuel contenant l'arpentement des fonds ; ces plans doivent être terminés par des confins certains, c'eſt-à-dire, par des chemins, ruiſſeaux, rivieres, &c. ils doivent marquer l'horiſon, le cours des rivieres & repréſenter les ſéparations des héritages avec leur dénomination, le nom des poſſeſſeurs des fonds, & faire connoître la détermination des chemins.

Pour lever les plans & bien arpenter, on peut conſulter le traité que Barême a donné ſur cela.

Dans les pays de plaine, l'opération des plans géométriques eſt à préférer ; dans les pays de cotaux le plan viſuel avec l'arpentement eſt moins coûteux que le géométrique, parce que pour les rendre tel, il faut obſerver le regles de planimétrie qui exigent un travail conſidérable.

Les opérations préliminaires des plans embraſſent tout l'intérêt des lieux ; la méthode pour appliquer les titres ſur les plans, devient enſuite plus ou moins aiſée ſelon l'ordre qu'on obſerve; plus elle eſt facile, plus elle contribue à diminuer le travail, elle fait diſtinguer les bons féodiſtes d'avec les mauvais.

Dans le renouvellement d'un terrier conſidérable, on ſeroit expoſé à faire des recherches continuelles, ſi dans l'arrangement des titres, on ne s'attachoit pas à trouver le moyen de préſenter pour ainſi dire tous les objets ſous un même point de vue, afin de conſerver le goût dans le travail & de diminuer cette contention d'eſprit ſi néceſſaire dans cette matiere pour approfondir & réſoudre les difficultés qui ſurviennent à chaque pas: la nature des ouvrages, ſelon les circonſtances, décide de l'ordre qu'on doit tenir, nous propoſons des regles générales qui peuvent faire diſtinguer celles qui exigent plus ou moins de travail, ſelon la nature des opérations auxquelles les féodiſtes ſont employés.

En général dans le renouvellement des terriers, on doit commencer par ſaire un relevé ou un brevet de tous les titres de la terre, qu'on veut faire reconnoître ſelon l'ordre des matieres ; ce relevé doit contenir la ſubſtance de chaque titre, c'eſt-à-dire, les dates d'an & jour, le nom du Notaire qui a retenu les actes, le nom des parties, la nature des actes, le détail des héritages avec leurs confins, leur contenance, leurs redevances & les conventions particulieres qui intéreſſent les obligations reſpectives. On doit relever à part les hommages & dénombremens rendus au Seigneur dont la terre releve en fief, avec tout les actes de propriété ; il faut pareillement ſéparer les hommages des vaſſaux de ladite terre, relever ou breveter enſuite par ordre de date, tous les actes emphitéotiques, en le diſtinguant paroiſſe par paroiſſe, village par village, terroir par terroir, autant qu'il eſt poſſible ; chacun de ſes relevés particuliers doit être coté à chaque page, & tous les articles doivent être numérotés ; au fonds des relevés il faut faire une table alphabétique du nom des lieux, des terroirs

& du nom des possesseurs qui indiquent le numéro de chaque article & le feuillet où chaque possesseur est porté, afin de trouver le tout avec facilité.

Il faut ensuite faire l'analyse des titres de différentes dates qui ont du rapport pour les comparer ensemble, en les représentant sous un même point de vue, afin d'appercevoir dans le même instant les différens possesseurs, selon l'époque des titres.

Dans les pays où le nom des terroirs varie souvent, il est nécessaire de faire une troisiéme table du nom des limites certaines des confins, c'est-à-dire, des chemins, des rivieres &c. en indiquant le numéro des articles où ces confins sont portés dans les brevets, afin de trouver facilement un point fixe pour commencer à procéder à l'application des titres sur les plans.

On sent aisément dans ces propositions les méthodes des brevets & des tables; les analises des titres ne se conçoivent pas si facilement, il convient d'en donner un exemple pour en faire sentir toute l'utilité. Je suppose avoir cinq différens titres ou terriers sur un même fief ; il m'est intéressant pour en appliquer les confins de voir d'un coup d'œil l'époque ou la date de tous les titres & la place qu'ils occupent dans mon brevet : tous les articles de mon brevet étant numérotés, voici mon analyse: Je suppose le premier titre de 1400, le second de 1450, le troisiéme de 1520, le quatriéme de 1600, & le cinquiéme de 1650; je suppose ce fief du nom d'Ady, ce fief fait le n°. 1 du titre de 1400, le n°. 100 de celui de 1450, le n°. 200 de celui de 1520, le n°. 250 de celui de 1600, & le n°. 400 de celui de 1650; je fais six colonnes, dans la premiere je place le nom des terroirs, dans la seconde la date du premier titre, & à chacune des autres la date des autres titres, & au dessous de chaque date, je place le numéro du brevet dans cette forme.

Analyse

Analyse des Titres.

Premiere colonne.	Seconde colonne.	Troisiéme colonne.	Quatriéme colonne.	Cinquiéme colonne.	Sixiéme colonne.
Noms des terroirs.	Titre de 1400.	Titre de 1450.	Titre de 1520.	Titre de 1600.	Titre de 1650.
Ady.	Numéro 1 du Brevet.	Numéro 100 dudit Brevet.	Numéro 200 dudit Brevet	Numéro [illegible] dudit Brevet	Numéro [illegible] dudit Brevet

On pourroit ajouter une autre colonne pour y placer le nom des possesseurs de chaque date ; au moyen de quoi on appercevroit dans le meme instant tous les titres de chaque fief & les différents changements survenus dans l'intervalle de chaque titre.

Après avoir ainsi disposé l'arrangement des titres, dans l'ordre des brevets, des tables & des analyses, on pourra faire avec facilité les applications des titres sur les plans, selon les exemples que nous en avons donnés ; c'est par l'observation de ces regles qu'on entrera dans le détail de tous les intérêts des Seigneurs & des censitaires ; on s'assurera par-là de la véritable étendue des fiefs, des droits & redevances dus aux Seigneurs, & des moyens d'en faire la répartition dans toutes ses parties, tous les intéressés y trouveront la ressource de s'instruire sur toutes ces opérations, tant pour s'opposer aux injustices qu'on pourroit leur faire, que pour résoudre les difficultés qui pourront se présenter.

CHAPITRE IV.

Des servitudes rustiques & urbaines.

SELON le droit naturel tous les fonds devroient être libres ; mais ne pouvant pas appartenir à un seul propriétaire, ou à un seul cultivateur, l'ordre & la nécessité de leur division les ont assujettis à des servitudes indispensables pour l'utilité des différens possesseurs ; de-là nos bâtimens ont eu leurs entrées, leurs issues, leurs lumieres & leurs aisances ; de-là nos terres, nos prés & toutes les autres natures d'héritages ont eu des chemins de service, des facultés des eaux & autres commodités qui dépendent de l'art, ou de la nature.

Les servitudes pour les habitations soit à la Ville, soit à la Campagne, ont été appellées urbaines, & celles des autres natures des fonds ont été appellées rustiques ; les unes & les autres embrassent l'avantage public & particulier, elles tendent à conserver à chacun ses droits, elles dépendent par-tout des Loix & des Coutumes qui prescrivent en général les moyens de les acquérir, de les établir & de les perdre ; c'est dans le droit romain, dans les coutumes sur-tout dans celle de Paris, & dans les auteurs qui ont traité ces matieres qu'on doit puiser les décisions des contestations qui s'élevent à cet égard ; c'est sur le fondement de ces mêmes autorités que nous nous proposons de traiter des servitudes, matiere où le ministere des Experts est presque toujours appellé pour donner leur avis sur l'état & la nature des contestations : afin de donner à notre plan la méthode la plus convenable, nous commencerons d'abord par faire connoître les servitudes des fonds, quelles sont les servitudes urbaines, & quelles sont les servitudes rustiques, comment on peut les acquérir, les établir, les posséder, les perdre, & comment on doit en user lors des constructions, des réparations & des nouvelles plantations; nous donnerons sur toutes ces divisions les principes aussi clairs & aussi sensibles qu'il nous sera possible.

Des servitudes des Fonds.

Les servitudes des fonds sont des droits qui leur sont attachés, & qui en dépendent pour leur service & leur utilité; ces servitudes sont réelles, parce qu'elles ne peuvent être établies que sur des fonds qui en sont respectivement chargés pour l'utilité des uns & contre la liberté des autres, les servitudes sont de simples qualités & non des substances. Telles sont les définitions qu'on en trouve dans les inſtituts de Serres, au titre des Servitudes, dans Barthole, liv. 1, Cœpola *cap.* 2, *tract. ſervit. quæſt.* 1.

Des ſervitudes urbaines.

Les ſervitudes urbaines ſont celles qui ſont dues aux héritages urbains, c'eſt-à-dire, aux édifices deſtinés à ſervir d'habitation ſoit dans les Villes, ſoit dans les Villages ou Hameaux.

Le Droit Romain diſtingue principalement cinq ſervitudes urbaines.

La premiere appellée *ſervitus oneris ferendi*, conſiſte dans le droit de faire ſupporter à la maiſon voiſine les charges de la ſienne.

La ſeconde appellée *tigni immittendi*, n'eſt autre choſe que le droit de poſer ſes poutres dans les murs voiſins.

La troiſiéme eſt le droit des égoûts qu'on appelle *ſervitus ſtillicidii*, parlà on peut forcer ſon voiſin de recevoir ſur ſon toît ou dans ſa cour, les eaux qui coulent des toîts de nos maiſons.

La quatriéme appellée *altiùs non*

tollendi, consiste dans le droit d'empêcher l'élévation des maisons, audelà d'un certain point arrêté ou convenu entre les parties.

La cinquieme qui est celle *de luminibus non officiendi*, donne le droit d'empêcher son voisin de nuire au jour de nos maisons.

C'est ainsi que sont distingués ces servitudes dans les institutes de Justinien, livre 2, titre 3 ; il y en a cependant encore d'autres comme celle qu'on appelle *jus tigni projiciendi*, dont il est parlé dans les Loix 1 & 2, *ff. de servit. præd. urb.* qui consiste dans le droit d'avancer son bâtiment sur l'héritage de son voisin par des saillies, balcons & avancemens ; on y remarque encore les servitudes des vues de prospect, qui consistent dans le droit d'empêcher son voisin de nous ôter le coup d'œil agréable de nos maisons, & encore celle *ne prospectui officiatur*, qui fait que le propriétaire de la maison qui la doit, ne peut non-seulement rien faire qui diminue le jour de son voisin, comme dans la servitude *luminibus non offi-*

ciendi, mais ne peut même rien entreprendre qui puisse diminuer l'agrément de son point de vue ni du côté du ciel, ni du côté de la terre, ensorte que cette servitude s'étend beaucoup plus que celle *de luminibus non officiendi*. Voyez la loi *inter servitutes* 12, & la loi suivante *ff. de servitut. præd. urb.* Toutes ces servitudes exigent un détail particulier pour connoître les regles qu'elles établissent afin d'en faire les applications.

Dans la servitude *oneris ferendi*, il faut considérer à qui appartient la maison qui la donne, parce que le propriétaire est tenu de réparer & rebâtir la muraille qui soutient le fardeau; mais si l'on ne peut pas distinguer la propriété, il faut recourir au titre qui établit la servitude; on examine encore quels sont les propriétaires accoutumés à fournir aux frais de réparation pour leur faire continuer leurs obligations; quand le support est mitoyen, chacun est tenu de le réparer, les ventes des maisons n'operent aucun changement dans les servitudes, les propriétaires exercent toujours les mêmes droits ſur les choſes qui les doivent.

Dans la ſervitude *tigni immittendi*, il eſt néceſſaire de faire pluſieurs obſervations ; on ne peut ſans titre poſer ou appuyer des poutres ſur les murs voiſins, à moins que le mur ne ſoit mitoyen ; on ne peut pas de ſon autorité privée, empêcher de poſer les poutres, ou de les appuyer contte les murs. On doit avoir recours à cet égard, à la juſtice ; ſi le mur eſt mitoyen, on ne peut y poſer des poutres, s'il n'eſt deſtiné à cet uſage, parce qu'il pourroit arriver qu'il ne feroit pas en état de les ſupporter ; quand les murs ſont peints, on ne peut pas les percer à jour, à moins qu'ils ne ſoient indivis; la Coutume de Paris eſt différente, comme nous verrons dans la ſuite.

Dans la ſervitude des égouts, il faut conſidérer 1°. qu'on ne peut pas ſans droit, faire tomber les égouts ſur le fonds, ou ſur le toît d'autrui.

2°. Que quoiqu'on ait cette ſervitude, on ne peut pas la changer, c'est-à-dire, faire découler les eaux dans un canal ou autre chose, à moins que le titre ne le porte.

3°. On ne peut pas non plus avancer les goutieres, parce qu'on ne peut rien innover.

4°. On peut cependant hausser ou baisser les goutieres, pourvû qu'on ne nuise pas à celui qui le souffre; il est vrai qu'il y a diversité d'opinions à cet égard. Cæpola prétend qu'on peut seulement hausser les goutieres, parce que selon lui le particulier qui doit cette servitude, souffre moins dans le haussement, ses raisons paroissent fondées; mais dans ces circonstances, j'estime qu'il vautmieux renvoyer ce fait au jugement & au rapport des Experts, pour ne pas s'écarter du principe de ne pas innover aux servitudes, si ce n'est à la décharge de celui qui la doit.

5°. Cette servitude ne se perd pas par la démolition de la maison, qui la doit, parce que le sol en est toujours chargé; & lors d'une nouvelle construction, on peut forcer le propriétaire de la maison qui la doit à rendre cette ſervitude telle qu'elle étoit.

6°. Le propriétaire du ſol, qui de tout tems a reçu les égouts, ne peut pas bâtir ſur ce ſol, quand bien même il feroit revenir les égouts ſur ſon fonds, parce qu'en matiere de ſervitude, il n'eſt pas permis de s'éloigner de l'obligation primitive de laiſſer l'eſpace requis pour les égouts.

7°. On adjuge la propriété du ſol de l'égout à celui qui a des portes à rez-de-chauſſée joignant ledit ſol, s'il n'y a point d'ouverture, ce n'eſt alors qu'une ſervitude, à moins qu'il n'y ait des bornes ou des titres contraires : on adjuge pareillement le ſol de l'égout au propriétaire de la muraille qui le ſouffre.

8°. Celui qui a droit des égouts ſur la maiſon d'autrui, peut l'empêcher de hauſſer ſon bâtiment.

9°. Quand les égouts ſont deſtinés à remplir des citernes, à nettoyer des latrines ou à arroſer des prés, non-ſeulement on ne peut pas en priver celui qui a droit de les recevoir, mais encore on eſt tenu d'entretenir les conduits.

Dans la ſervitude *altiùs non tollendi*, ceux qui en ſont tenus doivent garder la meſure convenue ; on peut néanmoins planter des arbres, quoiqu'ils ſurpaſſent cette meſure; il n'en eſt pas de même dans la ſervitude *luminibus non officiendi*, dont nous parlerons dans la ſuite.

Il eſt permis de hauſſer ſa maiſon autant qu'on veut, quand aucune ſervitude ne l'empêche, pourvu toutefois que l'élévation ne nuiſe pas à certaines propriétés comme à des moulins à vent, &c. en obſervant d'ailleurs de ſe conformer aux Ordonnances de Police des lieux, ce qui prouve que cette ſervitude de ne pas élever plus haut, doit avoir été convenue & accordée avec les voiſins.

Quoique les ſervitudes *luminibus non officiendi*, *ſervitus luminum*, & *ne proſpectui officiatur*, paroiſſent être les mêmes, elles ont pourtant des différences qui leur ſont propres ; mais le rapport qu'elles ont entr'elles ne nous permet pas de les traiter ſéparément. Leur objet principal embraſſe le jour des maiſons, mais c'eſt du plus au moins : la premiere ſervitude *luminibus non officiendi*, défend de nuire en aucune maniere au jour : celle *de ſervitus luminum*, donne ſeulement le droit de jour : & la derniere *ne proſpectui officiatur*, aſſure outre ces droits l'agrément de la vue ; ces ſervitudes ſont connues par le droit de jour, d'aſpect & de proſpect.

La ſervitude de proſpect peut être générale ou particuliere, c'eſt-à-dire, qu'elle peut embraſſer la maiſon en entier ou ſimplement une fenêtre ; on ne peut pas changer l'état de cette ſervitude, non-ſeulement à l'égard de la vue du côté du Ciel, mais même de celui de la terre ; c'eſt ce qui la diſtingue de la ſervitude des lumieres qui n'embraſſe que la vue du côté du Ciel ; un voiſin qui me donne la ſervitude de proſpect ne peut rien bâtir qui nuiſe à cette ſervitude. La ſervitude de lumieres & celle de ne point nuire aux lumieres ont cette différence, celui qui doit la ſervitude des lumieres peut élever ſa maiſon plus haut, pourvû qu'il laisse assez de jour, au lieu que celui qui ne peut pas nuire aux lumieres, ne peut pas élever plus haut ni rien faire qui nuise aux fenêtres.

Dans le terme de lumiere on entend la liberté de voir le Ciel soit dans les maisons ou lorsqu'on est aux fenêtres; ne pas voir le Ciel, & avoir des fenêtres, c'est plutôt avoir droit d'aspect que d'avoir droit de lumiere.

On ne peut pas planter des arbres devant des fenêtres pour ôter la vue du Ciel, celle du soleil est indifférente ; il faut cependant observer qu'on ne pourroit pas priver du soleil le bâtiment dont on ne pourroit plus se servir si on en étoit privé, à moins que la réflection du soleil ne lui conservât son usage, ou que ce bâtiment dût à son voisin la servitude de pouvoir élever plus haut.

A l'égard des balcons, saillies & avancemens, on doit observer qu'on ne peut point en faire sur le fonds d'autrui ni sur un fonds commun sans titre ; les Ordonnances d'Henri II & de Charles IX, ont défendu de faire des avancemens & des avant-degrés.

Des Servitudes ruſtiques.

Les ſervitudes ruſtiques ſont celles qui ſont attachées aux fonds de la campagne.

Nous trouvons dans les inſtitutes, au titre des Servitudes, neuf eſpeces de Servitudes ruſtiques.

La premiere, qu'on nomme *iter*, c'eſt-à-dire, le droit de paſſer & repaſſer dans le fonds d'autrui à pied ou à cheval, ſans cependant pouvoir y faire paſſer aucune bête chargée, ni aucune voiture.

La ſeconde appellée *actus*, ou le droit de pouvoir faire paſſer & repaſſer une voiture, une bête chargée, ſur le fonds d'autrui.

La troiſiéme appellée *via*, eſt le droit de paſſer & repaſſer ſur le fonds d'autrui avec des voitures & des bêtes chargées; cette ſervitude differe de celle *actus*, parce que 1°. la largeur de celle-ci n'eſt pas reglée par les loix, & qu'elle dépend de la convention des Parties, au lieu que la largeur de *via* est de 8 pieds en droite ligne, & de 16 dans le tournant, *leg.* 8. *& leg.* 13. §. 2. *ff. de servit. præd. rust.* 2°. Dans celle *actus*, on ne peut pas conduire une charrette chargée plus haut qu'une pique, ni traîner par l'héritage sujet à la servitude, des poutres ni des grosses pierres, au lieu que la ser itude *via* donne tous ces droits. *Leg.* 7. *ff.* Institutes de Ferrieres au titre des servitudes.

La quatriéme servitude rustique, appellée *aquæ ductus*, consiste dans le droit de faire couler l'eau dans son fonds par des canaux, des rigolles ou des digues qu'on fait dans son fonds & dans celui d'autrui. *Leg.* 1. §. 2. *ff. de rivis & leg.* 2. *ff. comm. præd. tam urb. quam rustic.*

La cinquiéme appellée *aquæ haustus*, est le droit de puiser de l'eau dans le fonds d'autrui.

La sixiéme appellée *pecoris ad aquam pulsus*, est le droit de faire abbreuver ses bestiaux dans le fonds d'autrui.

La septiéme appellée *jus pascendi*,

est le droit de faire paître ses bestiaux dans le fonds d'autrui.

La huitiéme appellée *calcis coquendæ*, est celle de pouvoir faire cuire de la chaux dans le fonds d'autrui.

La neuviéme appellée *arenæ fodiendæ*, le droit d'y tirer du sable.

On trouve encore dans le digeste d'autres servitudes, comme le droit de tailler de la pierre dans le fonds d'autrui, d'en tirer de la craye, d'y prendre des échalats, d'y avoir une chaumiere, de presser son vin, ses noix, ses olives, au pressoir d'autrui, de se servir de son sol pour y battre les grains & le droit de les retirer chez lui. *Leg.* 3. §. 1 *&* 2. *leg.* 5 *&* 6. *ff. de serv. rust. præd.*

La nature en a enfin formé d'autres qui dépendent de la situation des lieux, par exemple, l'eau du Ciel, qui, des pentes & côteaux, coule dans les héritages, forme des disputes journalieres; tous les propriétaires aboutissans, sont intéressés de connoître leurs droits à cet égard; il en est parlé dans la loi 1. §. *penult. & ult. ff. de aqua, & aquæ pluviæ arcen-*

dæ, & dans la loi 2. qui porte, *in summa tria sunt per quæ inferior locus superiori servit, lex, natura loci, vetustas quæ semper pro lege habetur, minuendarum scilicet litium causa.* Selon le droit naturel, l'eau appartient à celui qui a la possession la plus près du cours de l'eau, il peut pourtant ne pas la recevoir en lui laissant suivre son cours naturel s'il n'y est pas obligé par titre ou par possession acquise : sur les côteaux, il faut toujours entretenir les rigolles, ravins ou digues pour prévenir les dommages des eaux, mais lorsqu'il n'y a point de rigolle ou fossé pour les recevoir, & que l'eau peut causer des grands dommages, tous les cotenanciers ont intérêt de faire procéder par des Experts à fixer le cours de l'eau dans l'endroit le moins nuisible, & à contribuer au prorata aux frais nécessaires.

Des trois servitudes, *iter*, *actus*, *via*, dont nous venons de parler, nous n'en adoptons que deux dans l'usage, le chemin ou le sentier pour les gens à pied, & le chemin de charrette pour toutes ſortes de ſervice : celui-ci eſt dû ſelon la diſpoſition & la nature des lieux, c'eſt toujours l'acte qui la regle ; à ſon défaut il dépend de l'intention des Parties relativement à ſon objet ; dans preſque toutes les queſtions qui s'élevent ſur les ſervitudes, on a recours au miniſtere des Experts pour rapporter l'état des lieux, & donner leurs avis ſur de pareilles conteſtations.

Moyens d'acquérir les ſervitudes.

On peut acquérir les ſervitudes réelles par titre ſelon la nature des clauſes, & encore par la poſſeſſion, mais il faut qu'il n'y ait aucun empêchement dans les titres, & de la part de ceux qui les accordent, & de la part des fonds qui doivent les ſupporter ; on peut acquérir les ſervitudes par achapt, par accord, par teſtament, ou par tel autre nature d'acte quel qu'il puiſſe être ; les clauſes des actes doivent être claires, & ne doivent avoir d'autre objet que les fonds, afin de les diſtinguer des ſervitudes personnelles ; dans les partages des fonds , les servitudes des chemins sont essentielles au fonds de chaque portionnaire, de façon que le fonds partagé conserve dans sa partie sa servitude naturelle, à moins qu'il n'y ait une clause expresse ; aussi la meilleure méthode pour les connoître est de s'attacher à prouver d'où émanent les biens, parce qu'il n'en est point sans servitude pour y aller ; si cependant on ne pouvoit pas prouver l'émanation , & qu'il n'y eût aucun chemin aboutissant au fonds, le propriétaire peut forcer les aboutissans à lui fournir le passage nécessaire en les dédommageant au dire d'Experts, *arbitrio boni viri, lege si mercedem ff. si eum ff. de actionibus empti, leg. si quis sepulchrum ff. de religiosis & sumptibus funerum.*

Dans le ressort du droit écrit , on peut encore acquérir les servitudes réelles par la voie de la prescription, ou pour la possession immémoriale , ou par la possession trentenaire ; les servitudes continues & discontinues, ont donné lieu à ces deux sortes de prescription ; on appelle servitudes continues celles qui étant une fois établies, s'exercent par elles-mêmes, indépendamment du fait de l'homme comme l'acquéduc, les égoûts; les discontinues au contraire ſont celles qui requierent l'exercice du fait de l'homme, comme le droit de pâcage, de couper du bois, & de puiſer de l'eau, &c. dans les ſervitudes continues, la poſſeſſion de trente ans ſuffit pour la preſcription, au lieu que dans les autres, il faut une poſſeſſion immémoriale: tels ſont les ſentimens de *Cæpola, Tract.* 1. *Cap. XIX. n°.* 23 *&* 24. Guipape & Ferrieres, *Queſtion* 553. Catelan, *Liv. III. Chap. VII.* Serres dans ſes Inſtituts au titre des ſervitudes.

On entend par poſſeſſion immémoriale la preuve des témoins âgés (à compter du commencement de l'inſtance) de 52 ou 54 ans, ſuivant la différence du ſexe, qui dépoſent qu'ils ont toujours vû jouir le demandeur de la ſervitude qu'il reclame, & qui ajoutent avoir oui dire à leurs ancêtres que les choſes ſe paſſoient de même auparavant: dans la Coutume de Paris la voie de preſcription des ſervitudes , par la poſſeſſion n'a pas lieu ſuivant l'art. 186. On a excepté néanmoins ces ſervitudes urbaines qui ſont tolérées pour la bienſéance des monaſteres : dans ces deux ſortes de preſcriptions tolérées par le droit écrit , il faut bien ſe garder de confondre celles où le temps ſeul ne ſuffit pas pour opérer la preſcription , comme dans cette eſpece , je n'ai point élevé ma maiſon & vous n'avez rien entrepris pour nuire aux fenêtres de la mienne pendant trente ans , on ne perd pas pour cela ces ſervitudes , parce que pour que la preſcription eût lieu , il faudroit qu'en voulant élever ma maiſon , ou lorſque vous avez voulu nuire à mes fenêtres , il eut été fait un acte reſpectif d'oppoſition , & que chacun eût reſté dans l'inaction pendant 30 ans. Voyez *Cæpola , Tract.* 1. *Cap. II. n°.* 7. *Leg.* 1. *Cod. de ſervitut. & aqua.*

Il n'y a que le vrai propriétaire du fonds qui puiſſe établir , vendre , concéder , ou donner les ſervitudes réelles. L'acquéreur de bonne foi peut également les établir, si on n'en reclame point dans le temps, mais l'usufruitier n'a jamais ce droit.

Dans l'art. 215 de la Coutume de Paris, il est porté. « Quand un pere » de famille met hors ses mains partie de sa maison, il doit spécialement déclarer quelles servitudes il » retient sur l'héritage qu'il met hors » ses mains, ou quelles il constitue » sur le sien, & les faut nommément » & spécialement déclarer tant pour » l'endroit, grandeur, hauteur, qu'espece de servitude, autrement toutes autres constitutions générales de » servitudes sans les déclarer comme » dessus ne valent ».

Dans le droit écrit, on ne suit pas à la rigueur la disposition de cet article, parce que la réservation générale suffiroit pour les servitudes apparentes & visibles qui ne porteroient pas un préjudice notable; les Auteurs Coutumiers ont néanmoins prétendu que cet article de la Coutume étoit fondé sur divers textes de droit. Voyez Bretonnier sur Henrys, *Tome I. Liv. IV. Chap. VI. Question* 80.

On ne peut pas établir des servitudes sur un bien indivis que du consentement de tous en général & en particulier, suivant la Loi 2. *ff. de servit. præd. rustic. & lege ultima ff. comm. præd.* Quand un des co-propriétaires a concédé la servitude, celui qui l'a acquise a une action personnelle à exercer contre le concedant.

Comme les servitudes sont indivisibles, tous les co-possesseurs d'un fonds divisé conservent la servitude pour leur portion dans le fonds qui la doit; celui qui a la servitude sur un fonds ne peut pas l'accorder à un autre sans lui vendre le fonds qui lui donne ce droit.

On ne peut établir des servitudes réelles que sur des fonds urbains ou rustiques, elles peuvent être stipulées sur le tout ou sur la partie, sur la superficie, ou dans l'intérieur du fonds, sur un édifice bâti ou à bâtir, pour cela il faut que celui qui donne la servitude, & celui qui la reçoit, ayent des fonds joignans qui leur soient propres.

Empêchement pour établir des servitudes.

On ne peut pas établir des servitudes ni sur un lieu sacré, ni sur des monasteres, ni sur des lieux publics, ni lorsqu'elles portent un préjudice notable à un tiers.

De la maniere de posséder les servitudes.

On doit posséder les servitudes telles qu'elles ont été acquises ou données relativement à leur objet sans rien innover, & on doit en jouir au moins de dommage qu'il est possible.

De la maniere de perdre les servitudes.

S'il est des moyens pour acquérir les servitudes réelles, il n'en est pas moins pour les perdre, & cela est d'autant plus aisé, que la Loi favorise la libération, au lieu que tout est de rigueur dans l'acquisition ou l'établissement d'une servitude.

On

On peut les perdre 1°. par la force de la prescription de la même maniere qu'on les acquiert, en distinguant néanmoins celles qui exigent encore quelque fait particulier, outre le temps nécessaire pour prescrire ; celles-ci comme l'acquéduc, le droit de pâcage, passage, &c. se perdent *non utendo*, & celles-là comme de ne pas s'opposer à l'élévation de la maison voisine, ou au préjudice qu'on fait à nos fenêtres, &c. se perdent *non prohibendo* ; cette distinction est *dans la loi 6. ff. de servitut. præd. urb. hæc autem jura similiter ut rusticorum quoque prædiorum certo tempore non utendo pereunt, nisi quod hæc dissimilitudo est quod non omnimodo pereunt non utendo, sed ita si vicinus simul libertatem usu capiat.*

La Coutume de Paris à l'art. 186, veut également qu'on perde les servitudes par la non jouissance ; elle s'exprime ainsi « le droit de servitu-
» de ne s'acquiert par longue jouis-
» sance quelle qu'elle soit sans titre,
» encore que l'on en ait joui par 100
» ans ; mais la liberté se peut acquérir

» contre le titre de ſervitude par 30 » ans entre âgés, & non privilégiés, » de maniere que dans tout le royau- » me » en ſoutenant avoir preſcrit contre une ſervitude, on peut demander à faire preuve par témoins que la Partie adverſe n'en a pas joui depuis 30 ans, ſauf à l'adverſaire la preuve du contraire.

On peut également perdre les ſervitudes par un conſentement exprès ou tacite en ſouffrant que ſon voiſin faſſe quelque choſe de contraire à la ſervitude, *ſuivant la Loi* 14. §. 1. *ff. de ſervitut. & la Loi* 8. §. *quemadmodum ſervit. amitt.*

Les ſervitudes ſe perdent encore par la réunion des fonds qui les doivent à ceux à qui elles ſont dûes ſuivant la Loi 1. *ff. quemadmod. ſervit. amitt. & la Loi* 30. *ff. de ſervit. præd. urban.* Mais s'il reſtoit des deux fonds une portion quelconque, on la retiendroit *pro parte lege una* 18. *leg. via* 23. §. *ult. ff. de ſervit. præd. ruſt. lege ut pomum* 8. §. 1. *ff. de ſervit.*

Les ſervitudes ſont éteintes par la perte des choſes qui les doivent, comme lorsqu'une fontaine tarit, &c. mais si les mêmes objets reparoissent même après 30 ans, les mêmes servitudes sont dûes selon les conventions primitives : dans la Coutume de Paris, on perd les servitudes lorsqu'on ne s'oppose point au décret des biens qui les doivent pour les conserver ; mais il faut distinguer à cet égard les servitudes visibles d'avec celles qui ne le sont pas ; le décret conserve les premieres sans opposition, au lieu que les autres ne peuvent pas être réclamées faute d'opposition ; dans le droit écrit, au contraire, le décret n'altere ni ne diminue les servitudes, les biens passent à l'adjudicataire avec toutes ses charges, *cæpola tract. serv. Cap.* 24. *Vinnius sur le* §. *dernier des servitudes* ; une maison détruite conserve toujours ses servitudes, si dans les 30 ans on n'entreprend rien à leur préjudice.

Régles à observer, selon le Droit écrit, & la Coutume de Paris, lors des nouvelles constructions & réparations.

Celui qui a le sol ou rez-de-chaussée a le dessus, *cujus est solum ejus est cœlum*, comme il est dit dans la *Loi 14. ff. de serv. præd. urb. & dans la Loi 21. penult. ff. quod vi aut clam;* il s'ensuit delà, qu'il est libre à celui qui est propriétaire du sol de bâtir au-dessus & au-dessous autant que bon lui semble, s'il n'y a titre contraire à cette liberté naturelle; le titre 9 des servitudes & rapport des Jurés de la Coutume de Paris art. 187. est conforme à cette disposition; cet article souffre pourtant quelques exceptions, & exige des observations.

Quand le sol est joignant des Monasteres & Maison Religieuses, on ne peut pas élever les batisses de façon à obscurcir considérablement les Chapelles & lieux réguliers, ou à voir dans les cours, jardins, & cloîtres des Monasteres; mais le propriétaire du sol peut demander à cet égard quelque dédommagement pour être privé de ne pas élever; cette exception selon Ferriere, est reçue dans l'usage, & autorisée par les Arrêts; le Parlement de Paris le jugea de même le 20 Avril 1677, en faveur du Monastere de *l'Ave Maria.*

La liberté de faire dans son sol ce qu'on veut cede toujours au préjudice notable d'un tiers, en construisant dans le rez-de-chaussée quelque chose qui rendît inhabitable le second étage, ou qui empêchât l'usage pratiqué dans les fonds voisins suivant la Loi *sicut* §. *5. si servitus vindicetur*, & la doctrine de *Cæpola*, *Tract. 1. cap.* 53. On doit prreillement observer dans les bâtisses de se conformer aux réglemens de police des lieux, & de ne pas nuire au jour des lieux publics.

On ne peut pas bâtir contre le fonds de son voisin, par malice pour détruire l'utilité de sa possession, ou pour ôter le jour de l'escalier de sa maison.

Celui qui veut construire une maison, doit laisser deux pieds de distance contre l'héritage de ſon voiſin ; il ne perd pourtant pas la propriété de cet eſpace, il peut laiſſer des ouvertures dans ſon bâtiment pour en jouir ; s'il bâtit une muraille qui ne ſoit pas deſtinée pour quelque bâtiment, il ſuffit de laiſſer un pied de diſtance. Loi derniere, *ff. finium regundorum.*

Quand on veut bâtir une écurie ou étable contre un mur mitoyen, on doit ſe conformer à l'art. 188, de la Coutume de Paris, qui porte ... « qui » fait étable contre un mur mitoyen, » doit faire contre-mur de huit pou- » ces d'épaiſſeur, & d'hauteur juſqu'au » rez-de-chauſſée. La diſpoſition de » cet article a lieu dans le reſſort du » droit écrit pour dédommager ſon » voiſin ».

L'art. 189 de ladite Coutume, porte « quiconque veut faire chemi- » nées & autres contre-mur mitoyen » doit faire contre-mur de tuilots ou » autre choſe ſuffiſante de demi-pied » d'épaiſſeur ».

Il faut obſerver que la Coutume n'exprime point la hauteur de contre-mur ; Ferriere eſtime qu'elle doit être de 5 pieds de hauteur, & à cet égard il propose s'il est permis de tenir sa maison aussi basse qu'on veut, quoique les voisins dussent recevoir de l'incommodité par la fumée des cheminées; les auteurs ont été divisés sur cette question, mais on estime qu'en ce cas le propriétaire de la maison basse est obligé d'élever le tuyau de ses cheminées, de façon à ne pas nuire à ses voisins; cet avis est adopté dans le droit écrit, parce qu'il n'est pas permis de jetter sur son voisin quoique ce soit. *Immittire in alienum*, la fumée seroit dans cette espéce de défense, *Cæpola*, *cap.* 53.

L'art. 190 de ladite Coutume, dit: « celui qui veut faire forge, » four & fourneau contre le mur mi» toyen doit laisser demi pied de vui» de & intervalle entre deux du mur, » four ou forge, & que ledit mur » doit être d'un pied d'épaisseur: » On ne suit pas la disposition de cet article dans le droit écrit, la Loi *si servus* §. 10. *ff. ad. legem aquiliam* permet de bâtir des fours, prés, &c. joignant le mur commun en baillant caution au voiſin, de le dédommager en cas qu'il en reçût perte ou préjudice, cela s'entend ſur le danger du feu & des incendies qui peuvent arriver: ſuivant Coquille ſur la Coutume de Nivernois, titre 10. art. 25. S'il arrive quelque incendie dont le progrès ſoit à craindre, on peut avec l'autorité des Juges abbattre la maiſon ou le feu a pris, & celle joignante, afin d'arrêter le cours du feu, & ſi le danger eſt trop imminent le voiſin peut le faire de ſon autorité; & dans ce cas les propriétaires des maiſons voiſines ſauvées par cette précaution, doivent contribuer au dédommagement des maiſons abbattues.

Quand on veut faire des commodités ou des puits, on doit ſe conformer à l'art. 191 de la même Coutume de Paris, qui dit. « Qui veut » faire aiſances de privés ou puits » contre un mur mitoyen il doit faire » contre-mur d'un pied d'épaiſſeur, » & où il y a de chacun côté, » puits d'un côté, & aiſances de » l'autre, ſuffit qu'il y ait quatre » pieds de maçonnerie d'épaiſſeur

» entre deux, comprenant les épaisseurs des murs d'une part & d'autre, mais entre deux puits trois » pieds pour le moins ».

L'art. 192 de la même Coutume, porte « celui qui a place, jardin ou » autre lieu vuide qui joint immédiatement au mur d'autrui ou au mur » mitoyen, & qu'il veut faire labourer & fumer, il est tenu faire contre-mur de demi pied d'épaisseur, » & s'il y a terres jectices, il est tenu » faire contre-mur d'un pied d'épaisseur.

Dans le droit écrit, le propriétaire de la terre joignant le mur est obligé en travaillant sa terre de laisser seulement l'espace d'un pied pour ne point nuire aux murs, ou pour empêcher que le terrein ne croule sur le voisin au bord des tertres ou terres jectices; la Coutume de Nivernois, *Chap. X. art. 12.* porte. « Si l'un des » propriétaires du mur commun a de » son côté la terre plus haute que » l'autre, il est tenu de faire contre-mur de son côté de la hauteur de » ladite terre; » mais il faut distinguer à cet égard si la terre a été élevée par le voisin en y transportant du terrein, auquel cas il est obligé de faire le contre mur ; voilà ce que la Coutume de Paris entend par les terres jectices, car si c'est par la nature du terrein que l'élévation est produite, on n'est pas tenu au contre-mur, parce qu'on n'est pas obligé d'affranchir son voisin de l'incommodité qu'il souffre par la nature des choses ; *leg. fluminum* 24. § 2. *ver. sic. vitium ff. de damno infecto. leg.* 1. §. *ult. ff. de aquâ & aquæ pluviæ arcendæ.*

Les contre.murs dans l'espéce de la Coutume, se font sur l'héritage, & aux dépens de ceux qui ont le terrein joignant lesdits murs.

Selon la Coutume de Paris, art. 194, on peut forcer son voisin à rendre un mur commun pour y bâtir maison. Cet article porte « si aucun » veut bâtir contre un mur mitoyen » faire le peut en payant moitié tant » dudit mur que fondation d'icelui, » jusqu'à son heberge, ce qu'il est » tenu de payer par avant que de rien » démolir ni bâtir, en l'estimation

» duquel mur est comprise la valeur » de la terre sur laquelle est ledit mur » fondé & assis au cas que celui qui a » fait le mur l'ait pris sur son hérita- » ge. » Dans le droit écrit, cela n'est pas permis, parce que personne ne peut être contraint de vendre ce qui lui appartient, excepté pour des causes publiques. *Lege invitum cod. de contrahenda emptione leg. nec emere, cod. de jure deliberandi.* La Coutume de Paris a franchi cette difficulté ; le reste de la France, a presque par-tout adopté cette disposition de la Coutume ; si cependant le mur voisin devoit la servitude *oneris ferendi*, le propriétaire du mur ne pourroit rien prétendre contre celui à qui cette servitude seroit dûe dans le cas qu'il voulût y bâtir. Quand on paye à son voisin la moitié du mur, on en estime la valeur eu égard au temps qu'on s'en sert, & non pas eu égard à ce qu'il a coûté lors de sa construction.

Si l'on veut bâtir pour son utilité particuliere au dessus du mur mitoyen ; ou le mur pour supporter la bâtiſſe eſt aſſez bon ou non, dans l'un & l'autre cas on ſe conforme aux art. 195, 196 & 197 de la Coutume. L'art. 195 porte, « il eſt loiſible à un » voiſin de hauſſer à ſes dépens le mur » mitoyen d'entre lui & ſon voiſin ſi » haut que bon lui ſemble ſans le » conſentement de ſon voiſin, s'il n'y » a titre au contraire en payant les » charges, pourvû toutefois que le » mur ſoit ſuffiſant, & s'il n'eſt ſuffi- » ſant, faut que celui qui veut le re- » hauſſer le faſſe fortifier, & ſe doit » prendre l'épaiſſeur de ſon côté. L'art. » 196. Si le mur eſt bon pour clôture » & de durée, celui qui veut bâtir » deſſus & démolir ledit mur ancien » pour n'être ſuffiſant, pour porter ſon » bâtiment, eſt tenu de payer entiére- » ment tous les frais, & en ce faiſant ne » payera aucunes charges. L'art. 197.

» Les charges ſont d payer & » rembourſer par celui qui ſe loge & » heberge ſur & contre le mur mi- » toyen, de ſix toiſes l'une, de ce qui » ſera bâti au-deſſus de ſix pieds. » C'eſt-à-dire, que dans ce cas on doit payer la ſixiéme partie de la valeur du rehaussement, pour dédommager le voisin du préjudice que la pesanteur pourroit causer au mur commun de dessous; mais dans le cas que le mur soit entiérement refait pour supporter la pesanteur, pour lors le voisin est assez dédommagé : quand la Coutume parle de cette élévation, elle sous entend une élévation honnête qui ne peut pas blesser les maisons voisines de maniere à être privées du jour, & que celui qui fait bâtir fasse recrepir le mur pour ne rien laisser de désagréable aux maisons voisines; également lorsque l'autre voisin veut construire quelque bâtiment sur ou contre le mur qui a été fortifié ou construit de nouveau, il doit rembourser la moitié de l'épaisseur qui aura été prise sur l'héritage du premier, & de plus la moitié du mur fait de nouveau, tout comme celui qui veut rehausser sa maison basse, doit rembourser la moitié du mur où il veut adosser & rembourser les charges de cet endroit, s'il les a reçues, parce qu'il ne seroit pas juste que l'un d'eux retint les charges qu'il auroit ci-devant reçues dès que la condition des deux devient égale.

On ne peut faire des fenêtres ou ouvertures de façon quelconque dans le mur mitoyen sans le consentement respectif des Parties ; on peut néanmoins en faire dans son propre mur, à moins de titre contraire ; ces fenêtres doivent être pratiquées selon la Coutume des lieux. La Coutume de Paris à l'art. 199 porte « en mur mitoyen ne peut l'un des voisins sans » le consentement de l'autre faire fe» nêtres ou trous, pour vûes en quel» que maniere que ce soit à verre » dormant ni autrement ». L'art. 200, dit « Toutefois si aucun a mur » à lui seul appartenant sans moyen » à l'héritage d'autrui ; il peut en » icelui mur avoir fenêtres, lumie» res, aux Us & Coutumes de Pa» ris ; c'est à sçavoir neuf pieds de » haut au-dessus du rez-de-chaussée » & terre quand au premier étage, » & quand aux autres étages de sept » pieds au-dessus du rez-de-chaussée, » le tout à fer maillé en treillis, » dont les trous ne peuvent être que

» de quatre pouces en tout sens ; & » verre dormant, & verre attaché, » scellé en plâtre qu'on ne peut ou-» vrir. »

Le droit écrit veut qu'on ne puisse pas faire des fenêtres dans le mur mitoyen sans le consentement des Parties intéressées suivant la loi *eos qui ff. de servitut. præd. urb.* & ce principe général *in re communi nemo dominorum facere quidquam altero invito potest.* On excepte toujours le cas où il y a un titre contraire qu'on doit exécuter selon sa teneur, en suivant la disposition de l'art. 200 de la Coutume, s'il n'explique pas l'ordre des fenêtres, comme il a été jugé par plusieurs Arrêts. Suivant Cazaveteri, & François Commentateurs de la Coutume de Toulouse au titre des Bâtimens, il est permis à ceux qui ont des bâtimens joignans des terres & jardins, d'y faire des fenêtres à dix pans de hauteur du rez de-chaussée, mais il faut qu'elles soient grillées avec vitres ou toile cirée de façon qu'on ne puisse pas regarder dans les héritages, mais seulement prendre jour ;

on peut néanmoins bâtir dans lesdits jardins, sans que les propriétaires des fenêtres puissent alléguer aucune prescription.

Quand la Coutume de Paris permet de faire des fenêtres dans son mur joignant sans milieu l'héritage d'autrui, c'est sous ces modifications de n'être pas à charge à autrui, ce n'est que pour recevoir du jour.

Le droit qu'on a d'avoir des vûes sur l'héritage d'autrui ne l'empêche pas de se servir de ce mur pour bâtir contre en remboursant le propriétaire de la moitié de la valeur de ce mur & de sa fondation, conformément à l'art. 194 de ladite Coutume & aux suivans; & dans ce cas ces vûes doivent être bouchées selon la disposition de l'art. 199.

Dans l'art. 200 de ladite Coutume, il faut excepter à l'égard des fenêtres sur des murs en propre, celles qui donnent sur des cimetieres, parce qu'on peut les élever tant qu'on veut, en observant qu'elles soient à verre dormant & fer maillé. Ferriere rapporte deux Arrêts qui l'ont jugé de même.

On peut faire des fenêtres de l'espéce de l'art. 200, de ladite Coutume dans le mur du rehaussement fait à ses frais sur un mur mitoyen, comme dans celui refait en entier & auquel le voisin n'auroit pas contribué, craignant que le mur ne fut pas assez fort pour soutenir le bâtiment.

On peut changer de place, & faire des nouvelles ouvertures pour faire des vues ou fenêtres dans les murs joignant à l'héritage d'autrui & faits aux dépens de celui qui veut percer, mais non pas lorsqu'on veut percer dans les murs du rehaussement placés sur un mur mitoyen ; c'est le sentiment de Ferriere.

Dans toutes les questions qui s'élevent sur les vûes ou fenêtres dans les Villes, on doit consulter les Coutumes locales.

Il y a deux sortes de vûes ; les unes droites qui consistent dans des ouvertures libres & pleines à hauteur d'appui, & les autres obliques pratiquées dans l'épaisseur du mur, placés de façon qu'on ne peut voir que d'un côté dans la maiſon ou héritage de ſon voiſin.

Les premieres doivent avoir ſix pieds de diſtance entr'elles, & les fonds voiſins, & les autres deux pieds; la diſtance commence du devant du mur des vues juſqu'au milieu du mur mitoyen; mais ſi le mur appartient à l'un des voiſins, la diſtance n'eſt plus reglée par le point du milieu, & s'il appartient en entier à celui qui a des vues, la largeur de tout le mur entre dans la diſtance, & au contraire s'il appartient en entier au voiſin ſur lequel ſont ſes vues, la diſtance doit être entiere ſur l'héritage de celui qui a les vûes & doit finir au mur de clôture : cette diſtance n'eſt pas requiſe lorſqu'il y a une rue entre l'héritage du voiſin, quoiqu'il n'y ait pas la diſtance de ſix pieds, parce que pour lors la vue eſt plutôt ſur la ru. que ſur l'héritage du voiſin; il en eſt de même lorſque le mur du voiſin eſt plus élevé que les vues droites, parce que pour lors, il empêche qu'on puiſſe voir chez lui de même lorſque les vues donnent ſur des cimetieres, en observant l'art. 201 de la Coutume ; les terrasses, balcons, perrons, lucarnes & tous autres lieux d'où l'on peut voir sur le voisin, doivent avoir la même distance. Telle est la disposition de l'art. 202 de ladite Coutume qui porte » aucun ne » peut faire vue droite sur son voisin, » ni sur place à lui appartenant, s'il » n'y a six pieds de distance entre la- » dite vue & l'héritage du voisin, & ne » peut avoir bée de côté s'il n'y a deux » pieds de distance ; cette disposition » est conforme au droit écrit dans la loi 1, *ff. de servitut. præd. urban.*

On ne doit pas suivre les mêmes regles à l'égard des fonds rustiques, parce qu'on peut avoir des vues sur les héritages de son voisin, pour si près qu'ils soient, à la reserve toutefois des héritages clos & fermés, & surtout dans les enclos des maisons.

Les maçons qui sont chargés des réparations, ainsi que les propriétaires des maisons doivent se conformer à l'art. 203 de ladite Cout. portant : » les maçons ne peuvent toucher » ni faire toucher à un mur mitoyen

» pour le démolir, percer & réédifier » ſans y appeller les voiſins qui ont in- » térêt par une ſimple ſignification » ſeulement, & ce à peine de tous dé- » pens, dommages & intérêts & » établiſſement dudit mur «, cet article eſt ſuivi dans le droit écrit, parce qu'il n'y eſt pas permis de pouvoir rien entreprendre dans la choſe commune, ſans le conſentement des co-propriétaires *lege parietem 8, ff. de ſervit. præd. urb.*

Quand après la ſignification le voiſin s'oppoſe à la démolition, on doit ſurſeoir juſqu'à ce que l'oppoſition ſoit vuidée.

Quand on dit que le maçon eſt perſonnellement reſponſable des dommages & intérêts, faute d'avoir appellé les voiſins avant la démolition cela n'empêche pas qu'on ne puiſſe avoir recours contre le propriétaire, ſi le maçon n'a pas de quoi répondre, Ferriere eſtime qu'on a l'un & l'autre droit.

L'art. 204 de ladite Coutume, exige les mêmes précautions quand on veut percer ou faire percer le mur commun, il porte » il est loisible à un voisin de » percer ou faire percer & démolir » le mur commun & mitoyen d'entre lui & son voisin, pour se loger » & édifier en le rétablissant dûment à ses dépens, s'il n'y a titre » au contraire, en le dénonçant toutefois au préalable à son voisin, & » est tenu faire incontinent & sans » discontinuation ledit rétablissement.

Il est bien juste d'être averti à propos de ses intérêts pour y remédier; c'est ce que la Coutume a très-bien prévu, parce qu'il pourroit se faire que par des conventions particulieres on pourroit empêcher cette réparation, d'autant plus que s'il arrivoit que le mur ne fût pas mitoyen, le particulier ne pourroit rien entreprendre sans avoir rempli la disposition de l'article 194 de ladite Coutume ci-dessus rapporté.

Quand le mur mitoyen menace ruine, il faut suivre la disposition de l'art. 205 de ladite Coutume » il est » loisible à un voisin contraindre ou » faire contraindre par justice son

» autre voiſin à faire ou faire refaire » le mur & édifice commun pendant » & corrompu entre lui & ſondit » voiſin, & d'en payer ſa part chacnn » ſelon ſon heberge & pour telle » part & portion que leſdites parties » ont & peuvent avoir audit mur & » édifice mitoyen.

Dans le cas de ces accidens on peut appeller en juſtice celui qui refuſe, & s'il ſoutient que cela eſt arrivé par la faute de celui qui veut l'y contraindre, cette queſtion doit être vuidée par des Experts convenus ou pris d'office.

Cet article eſt conforme au droit écrit en la loi 4, *ff. prætor ait ff. de damno infecto, lege ſi ut proponis cod. de edificiis privatis.*

On ne peut pas placer poutres & ſolives dans le mur appartenant en propre au voiſin, mais on le peut dans un mur mitoyen, aux conditions portées dans les articles 206, 207 & 20 de ladite Coutume; l'art. 206 dit » n'eſt loiſible à un voiſin de » mettre ou faire mettre & loger les » poutres & ſolives de ſa maiſon dans

» le mur d'entre lui & sondit voisin; » si ledit mur n'est mitoyen.

Lart. 207, il n'est aussi loisible de » mettre ou faire mettre & asseoir » les poutres de sa maison dedans le » mur mitoyen d'entre lui & son » voisin, sans y faire faire & mettre » jambes, parpaignes ou chaines & » corbeaux suffisans de pierre de » taille, pour porter lesdites poutres » en rétablissant ledit mur, toutefois » pour les murs des champs suffit y » mettre matiere suffisante.

L'art. 208, » aucun ne peut percer » le mur mitoyen d'entre lui & son » voisin, pour y mettre & loger les » poutres de sa maison, que jusqu'à » l'épaisseur de la moitié dudit mur » & au point du milieu, en réta- » blissant ledit mur, & en mettant » ou faisant mettre jambes, chaines » & corbeaux comme dessus.

Tous ces articles sont assez clairs, l'art. 208, mérite cependant quelques observations, suivant les commentateurs de ladite Coutume, quoique ledit article porte que les poutres ne peuvent être placées que sur la moitié du mur, néanmoins l'utilité & commodité des voisins, exigeant que les poutres pénetrent dans le mur au-delà de la moitié pour la conservation des murs communs ; plusieurs jugemens ont autorisé cet usage, lorsque les poutres ne sont pas directement opposées à celles du voisin, & pour lors on peut les placer jusqu'au fonds du mur, à deux pouces près, mais si la poutre se rencontre au droit du tuyau d'une cheminée ; il doit y avoir pour le moins quatre pouces de distance du côté de la cheminée, & si c'est à côté du tuyau trois pouces suffisent ; par ce moyen lorsque le voisin veut bâtir, si les poutres se rencontrent opposées à celles de celui qui a bâti le premier, & qui les a portées au-delà du milieu du mur ; celui-ci est tenu de les faire couper jusqu'au point du milieu du mur.

On peut obliger son voisin à contribuer à faire des murs de cloture pour séparer les maisons, cours & jardins, suivant l'art. 209 de ladite Coutume, » chacun peut contraindre » son voisin ès Villes & Fauxbourgs » de

» de la Prévôté & Vicomté de Paris, » à contribuer pour faire faire cloture » faisant séparation de leurs maisons, » cours & jardins assis èsdites Villes » & Fauxbourgs, jusqu'à la hauteur » de dix pieds de haut du rez-de-» chaussée, compris le chaperon «, cet article est important dans les grandes Villes pour la sureté des biens & des personnes, & comme il est d'un commun intérêt de s'enclore, aucun ne peut se dispenser de cette dépense ; dans certaines Villes on n'est pas obligé à tant d'élévation, on doit faire ces séparations selon l'usage des lieux : dans les campagnes on ne suit pas la disposition de cet article, mais bien celle de l'art. 210 qui porte » hors les Villes & Fauxbourgs on » ne peut contraindre son voisin à » faire mur de nouvel, séparant les » cours & jardin, mais bien les peut-» on contraindre à l'entretenement & » réfection nécessaire des murs anciens » selon l'ancienne hauteur desdits » murs, si mieux le voisin n'aime » quitter le droit de mur & la terre » sur laquelle il est assis ; la différence de cet article avec celui ci-dessus, vient de ce qu'il n'y a pas tant d'intérêt à s'enclore; cet article a pareillement lieu pour les hayes communes, les passages communs & autres choses de cette nature qui sont à la charge des aboutissans, à moins qu'on ne veuille renoncer à l'objet de la dispute, & celui qui en profite est pour lors chargé de l'entretien & de mettre les choses en état.

L'art. 211 de la même Coutume porte » tous murs séparans cours & » jardins sont réputés mitoyens, s'il » n'y a titre contraire, & celui qui » veut faire bâtir nouveau mur, ou » refaire l'ancien corrompu peut faire » appeller son voisin pour contribuer » au bâtiment ou réfection du mur, » ou bien lui accorder lettre que » ledit mur soit tout sien; cet article est conforme au droit écrit, les murs des cours & jardins sont réputés mitoyens suivant *la loi* 4, *parietem ff. de servitute legata*, à moins de titres, bornes ou marques qui l'annoncent, & cet article a lieu tant à la Ville qu'à la Campagne, mais à l'égard de ceux qui ne veulent pas contribuer à la réparation des murs ; il faut distinguer les fonds des Villes d'avec ceux de la campagne, parce que suivant l'art. 209, de ladite Coutume, les voisins sont contraints à faire cette dépense ; on répute pareillement mitoyens les fossés qui séparent les héritages, à la réserve qu'ils appartiennent en entier à celui du côté duquel on place la terre en réparant le fossé ; à l'égard des hayes vives, on les accorde à l'héritage le plus précieux auquel la cloture importe, dans le cas toutefois qu'il n'y ait pas de bornes, & on ne les regarde communes que lors que les héritages sont d'une même nature ; voyez à cet égard Ferriere sur cet article & sur l'art. 113, & Coquille en ses questions, chap. 198.

L'article 212 de ladite Coutume, ajoute pour l'explication desdits articles 210 & 211, » & néanmoins ès » cas des deux précédens articles, » est ledit voisin reçu quand bon lui » semble à demander moitié dudit » mur bâti & fonds d'icelui, ou à

» rentrer en ſon premier droit en » rembourſant moitié dudit mur & » fonds d'icelui «. Il en eſt autrement dans le Droit Romain, loi 4 *cod. de œdificiis privatis*, parcequ'on faiſoit perdre au voiſin la part qui lui appartenoit, ſi après quatre mois, il n'avoit pas payé ſa portion des frais pour la conſtruction du mur mitoyen, mais dans le reſſort du Parlement de Toulouſe, le voiſin prend tel tems que bon lui ſemble pour rentrer dans ſon droit; mais ſi la choſe abandonnée avoit été refaite plus d'une fois, & qu'il y eût un grand eſpace de tems, il n'en ſeroit plus queſtion, parce que celui qui rend ne doit faire le rembourſement qu'une ſeule fois, ſelon la juſte valeur de la choſe, eu égard à ſon état lorſqu'il rentre dans ſon droit.

Dans l'application de l'art. 212, on doit conſidérer ſi le fonds où le mur eſt aſſis a appartenu en entier au voiſin, dans l'origine; parce qu'étant commun avant l'abandon, on ne devroit rembourſer que la moitié de la valeur du mur: on doit contribuer pareillement aux frais de l'entretien des fossés communs, à moins que l'un des deux voisins ne veuille perdre sa part du fossé; c'est la disposition de l'art. 213 de ladite Coutume qui porte » le semblable est gardé » pour la réfaction, vuidage & en» tretenement des anciens fossés com» muns & mitoyens.

L'art. 214 de ladite Coutume, prescrit le moyen de connoître les murs mitoyens & les murs propres, » filets doivent être faits accompa» gnés de pierre pour faire connoître » que le mur est mitoyen ou à un » seul; on entend par filets les rebords ou chaperons qui se font au haut des murs, ou bien la couverture d'un mur qui a deux égouts, *fastigium muri, utrinque inclinatum*; quand il y a des filets d'un côté & d'autre, pour lors le mur est mitoyen; quand il n'y en a que d'un côté, le mur appartient à celui là qui a ce côté; s'il n'y en a d'aucun côté, ils sont réputés mitoyens s'il n'y a point de titre contraire, suivant l'art. 211 ci-dessus.

On ne peut pas faire des fossés,

qu'à certaine diſtance du terrein d'autrui ; l'art. 217 de ladite Coutume porte » nul ne peut faire des foſſés à » eaux ou cloaque, s'il n'y a ſix pieds » de diſtance en tout ſens des murs » appartenans au voiſin, ou mitoyens; cet article a lieu dans les Villes pour empêcher le dommage qu'ils pourroient cauſer aux murs, & prévenir les mauvaiſes odeurs.

Regles à obſerver lors des nouvelles clotures ou plantations à la Ville & à la Campagne.

Dans le détail des articles de la Coutume de Paris, nous avons parcouru les droits des nouvelles conſtructions ſelon ladite Coutume & ſelon le droit écrit; il nous reſte à dire quelque choſe ſur les droits des nouvelles clotures & ſur les nouvelles plantations à la Ville & à la Campagne.

Nous avons déja annoncé les diſtances qu'il faut garder dans les batiſſes des murs deſtinés pour les maiſons, & de ceux deſtinés à la ſéparation des héritages, nous avons aussi distingué lorsque ces murs sont joignant les maisons des Villes, ou qu'ils sont à la campagne; voyons maintenant ce qui concerne celle des hayes fossés & arbres situés autour des héritages pour leur séparation; nous nous sommes réservés dans le second Chapitre d'indiquer dans celui-ci les distances nécessaires qu'il faut garder à cet égard, & nous venons d'observer ce que la Coutume de Paris prescrit à l'égard des fossés.

Quand on veut planter une haye pour fermer son héritage, on doit laisser un pied de distance entre la haye & l'héritage du voisin.

Celui qui veut pratiquer un fossé pour séparer son héritage d'avec celui de son voisin doit laisser du côté de l'héritage de son voisin autant d'espace qu'il donne de profondeur au fossé; pour marquer que le fossé est à soi, il jette la terre du côté de son terrein toutes les fois qu'il le répare, parce que le fossé est réputé mitoyen quand il la jette de chaque côté: quand on veut construire un puits, on laiſſe le même eſpace que celu de la largeur du puits.

Si l'on veut planter des oliviers & des figuiers, on doit les planter à neuf pieds de diſtance de l'héritage de ſon voiſin, à l'égard de toutes les autres natures d'arbres, on ne doit laiſſer que cinq pieds; c'eſt ainſi que le décide la loi derniere *ff. finium regundorum ſi quis ſæpem ad alienum prædium fixerit infoderitque, terminum ne excedito; ſi maceriam pedem relinquito, ſi vero domum pedes duos; ſi ſepulchrum aut ſcrobem foderit, quantum profunditatis habuerit tantum ſpatii relinquito, ſi puteum paſſus latitudinem, at vero oleam aut ficum ab alieno ad novem pedes plantato; cœteras arbores ad pedes quinque.* Cette loi peut être modifiée ſelon les Coutumes où certains uſages conſacrés dans certains endroits.

Quand on ne ſuit pas ces diſtances lors des plantations & des clotures, on peut y être contraint en juſtice, pourvû que la réclamation ſoit faite avant le tems néceſſaire pour opérer la preſcription; mais en tout tems on peut faire couper les branches des arbres qui tombent sur son fonds à la hauteur de quinze pieds; c'est la décision de la loi des douze tables & de l'édit du préteur. A l'égard des arbres près des maisons, *la loi 1, au §. 2, ff. de arboribus cædendis*, permet de les couper à pied & même à la racine lorsque leur voisinage incommode les maisons; *si arbor alienis ædibus impendeat utrùm totam arborem jubeat prætor adimi, an vero id solum quod super excurrit quæritur? Et rutilius ait, à stirpe excidendam, idq. plerisq. videtur veriùs, & nisi adimet dominus arborem labeo, ait permitti ei cui arbor officeret, ut si vellet succideret eam, lignaq. tolleret.* Si le propriétaire refuse d'abbattre l'arbre, on a recours au Juge compétent, parce qu'on ne peut pas le faire de son autorité privée, c'est la différence qu'il y a entre les arbres dont les branches tombent sur les maisons, d'avec ceux dont les branches tombent sur les autres héritages; on peut faire couper à l'égard des maisons, les arbres qui les incommodent, au lieu qu'à l'égard des héritages, on n'en peut faire couper que les branches à la hauteur de quinze pieds ſur terre, *le* §. 9 de la même loi marque cette différence, *ſi quidam arbor ædibus impendeat ſuccidi eam præcipitur, ſi vero agro impendeat, tantum ad quindecim pedes à terra coerceri.* Le Chapitre des ſervitudes exigeroit un plus grand détail, mais comme nous nous ſommes principalement attachés à inſtruire les Experts, nous nous flattons que l'ordre que nous avons tenu ſuffira pour les conduire dans les commiſſions qui leur ſeront confiées.

CHAPITRE V.

Contenant le modele des rapports que les Experts ſont obligés de donner en Juſtice.

DANS toutes les matieres que nous venons de traiter lorſque les parties ne peuvent pas s'accorder entr'elles ſur les faits conteſtés, les Juges ordonnent ſelon les queſtions des discussions, qu'il sera procédé par Experts convenus ou pris d'office à la vérification des lieux contentieux pour rapporter & donner leur avis sur les faits discutés; lorsque les Experts sont nommés & convenus, & qu'on n'a pas proposé des causes de soupçon, l'une des parties les fait assigner à jour certain & heure précise par devant le Juge, Commissaire ou Rapporteur, pour prêter le serment & de suite procéder à la commission; elle fait pareillement assigner l'autre partie pour voir prêter le serment & voir procéder; l'ordre de cette procédure est tracé dans le titre 21 de l'Ordonnance de 1667, art. 9, 10, 11, 12 & 13, le jour marqué les Experts pretent le serment, parties présentes, ou duement appellées, entre les mains du Juge, Commissaire ou Rapporteur qui en dresse le Procès-verbal contenant les requisitions des parties & leur prestation de serment; cela fait les parties remettent aux Experts l'entiere procédure & la Sentence qui porte leur commission, ils se transportent en conséquence sur les lieux; & en presence & à l'indication des parties ou de leurs Procureurs, ils les entendent dans leurs dires & requisitions, ils examinent les contestations & dressent ensuite leur rapport contenant leur avis; leur rapport est commun, s'ils sont d'accord dans leur opinion, dans le cas contraire chacun fait son rapport, le Juge nomme ensuite un tiers Expert qui après la même forme de procédure se transporte sur les lieux, assisté des premiers Experts, ou à ce dûement appellés pour avoir voix consultative, & non délibérative; si un artisan est intéressé contre un bourgeois, on ne peut prendre pour tiers qu'un bourgeois; ce tiers Expert donne pareillement son rapport comme les premiers, & vuide le partage. Les Experts vont ensuite faire taxer leur rapport par les Juges pour se faire payer de leurs vacations. Le Juge les taxe selon leur état & selon les vacations qu'ils y ont employées, dont ils font mention dans leur rapport. Les Experts doivent suivre littéralement leur commission, parce qu'en excédant l'objet de la Sentence, les parties peuvent faire caſſer leur rapport, les faire condamner aux dépens, & à la reſtitution de leurs honoraires ; leur rapport doit répondre à chaque point de la Sentence, avec netteté & préciſion afin de mettre les Juges à portée de bien ſaiſir & connoître les faits conteſtés, & rendre juſtice aux parties ; c'eſt de-là que dépend la véritable forme qu'il faut garder pour bien dreſſer les rapports, ſuivant le modele ci-après.

NOUS [*il faut mettre ici les nom, ſurnom, qualité & domicile des Experts*] Experts nommés, ſçavoir nouſd. de la part de [*il faut mettre ici le nom de la partie qui a nommé*], & nouſd. de la part de [*l'autre partie*] pour procéder à la vérification & rapport des faits ordonnés par Sentence, Jugement ou Arrêt du [*il faut mettre ici la date*].

Ayant prêté le ſerment en tel cas requis pardevant [*il faut mettre ici le nom du Juge, Commiſſaire ou Rapporteur*] ſuivant ſon Procès-verbal du [*date*] en conſéquence de ſes lettres ajournatoires du [*date*] & de l'aſſignation à nous donnée le [*date*] par Huiſſier, duement contrôlé le nous ſommes tranſportés ſur les lieux contentieux avec leſdites parties, [*indiquer l'endroit*] le [*date*] où leſdites parties nous ont remis les actes du procès, néceſſaires pour nos opérations, ſçavoir led. [*le nom de la partie ; il faut inſérer ici, ſelon les circonſtances, les piéces remiſes & en mettre la ſubſtance, ſi elles ſont utiles pour autoriſer le rapport*].

Comme auſſi il nous a été remis ladite Sentence [*Jugement ou Arrêt*] du portant [*il faut inſérer ici les objets portés dans l'ordonné, & les diviſer point par point, afin de pouvoir répondre à chaque article ; en diſant par exemple* :

1°. Qu'il ſera procédé à l'eſtimation de

2°. Au plantement des bornes de ſéparation des héritages des parties.

3°. A la vérification des bornes, s'il y en a.

4°. A la diviſion des biens des parties pour fixer à chacune leur portion.

5°. A la divifion du cens dû fur chacune defdites pieces.

6°. A l'eftimation & liquidation des fruits perçûs par l'une des parties.

7°. Rapporteront lefdits Experts, fi le fonds poffédé par [*le nom de la partie*] dépend de la cenfive demandé par [*le nom du demandeur*] fuivant les titres produits au Procès.

8°. Quel eft le chemin de fervice des pieces contentieufes relativement aux titres rapportés.

9°. Lefdits Experts leveront le plan des lieux contentieux.

Pourfuivre enfuite le rapport comme s'enfuit.

Et après avoir fait lecture defdites Sentence, Jugement ou Arrêt; nous aurions parcouru les lieux en préfence des parties, & à leur indication, nous aurions entendu lefdites parties dans l'intervalle de nos opérations, fur leurs dires, requifitions & obfervations, & nous étant retirés après avoir procédé fur les lieux aux opérations néceffaires, nous aurions approfondi les différens objets de notre commiſſion pour en donner notre rapport, ſaiſiſſant toujours à la lettre les objets deſdites Sentence, Jugement ou Arrêt dans les neuf propoſitions ci-deſſus ; & venant à notre rapport, nous diſons & eſtimons ſur le premier article 1°. que leſdits biens de ſont de valeur de la ſomme de

2°. Nous avons planté des bornes pour la ſéparation des pieces contentieuſes [*il faudra en même tems ſpécifier l'ordre dans lequel on les a plantées*]

3°. Nous n'avons trouvé aucuns veſtiges de bornes [*il faudra détailler ici l'état des lieux*].

4°. Nous avons procédé au partage des biens ſitués à nous en avons adjugé à [*le nom de la partie*] pour ſa portion. [*Il faudra la détailler tout de ſuite, ainſi que celle des autres*].

5°. En procédant à la diviſion du cens de [*quantité*] nous eſtimons que la côte de la partie de [*le nom*] revient à la quantité de à raiſon de ſa terre de contenance de confrontant & celle de à la quantité de à raison de sa terre de contenance de confrontant *en détaillant en même tems la situation & la dénomination des pieces.*

6°. Quant à la restitution des fruits, nous estimons qu'ils sont de valeur de

7°. Nous estimons que la piece de [*nom de la partie*] dépend du cens de porté par [*il faut insérer ici les titres*] ; en effet ladite piece confronte du levant avec la terre de premier confin dudit titre ; lequel confin est justifié par [*il faut dire ici les raisons & les titres qui constatent la sincérité de ce confin*]. [*Il faut suivre le même ordre pour les autres confins, & indiquer l'endroit où ladite piece se trouve placée dans le plan des lieux s'il y en a d'ordonné*].

8°. Le chemin de service reclamé par [*le nom de la partie*] doit être pratiqué dans la piece de [*il faudra détailler ensuite le chemin tel qu'on juge qu'il est placé relativement aux actes produits au procès, avoir égard aux circonstances des lieux & à l'objet du chemin,*

9°. Nous avons joint à notre rapport le plan des lieux que nous avons ſigné au bas dudit plan.

Tel eſt notre rapport auquel nous avons procédé en toute loyauté & conſcience, & y avons vaqué [*il faut mettre ici le nombre des jours employés aux opérations*] & avons ſigné a le jour année ; après avoir remis aux parties les pieces du procès ci-deſſus mentionnées.

Quand les Experts ne ſont pas d'accord entr'eux dans leurs opinions, chacun dreſſe ſon rapport en particulier.

Dans ce modele on pourra facilement trouver le moyen de dreſſer toute ſorte de rapports d'une maniere préciſe, en répondant à chaque point des Sentences, Jugemens ou Arrêts.

Nous avons propoſé dans le premier Chapitre de notre ouvrage des regles pour parvenir à connoître dans tous les tems, la valeur intrinſeque des biens fonds ; dans le ſecond nous avons traité des bornes, limites & ſéparations des fonds ; dans le troiſiéme nous avons donné une méthode facile & exacte pour pénétrer principalement dans les intérêts des charges ſeigneuriales; dans le quatriéme nous avons donné un précis des ſervitudes ruſtiques & urbaines ; & dans le cinquiéme nous avons dreſſé des modeles des rapports des Experts ; nous déſirons que le public daigne accueillir favorablement le fruit de nos travaux ſur des intérêts auſſi conſidérables & auſſi familiers; nous ſerions entierement ſatisfaits d'avoir pû contribuer à ſon utilité : nos vûes ſont ſans doute au-deſſus de nos forces, mais notre bonne volonté juſtifiera toujours nos ſentimens.

FIN.

www.ingramcontent.com/pod-product-compliance
Ingram Content Group UK Ltd.
Pitfield, Milton Keynes, MK11 3LW, UK
UKHW022109260726
13993UKWH00001B/410

9 782329 298634